El último paseo

El último paseo

UNA NOVELA SOBRE EL DUELO ANIMAL

SANDRA MOYA

Título: El último paseo
Copyright © 2024, Sandra Moya

Corrección y maquetación: Sandra Moya
Diseño de cubierta: Jonathan Centeno
Ilustración de cubierta: Carol Tello

1ª edición, marzo de 2024
ISBN: 978-84-09-59502-0
Depósito legal: B 6212-2024

Para Cody,
mi mejor amigo y compañero de vida.

18/10/2005 - 30/03/2022

Prólogo

«Hasta que no hayas amado a un animal,
una parte de tu alma permanecerá dormida»
Anatole France

Siempre me han gustado los animales. No era ningún misterio relacionar «Andrea» y «animales» ya que, sin tener uno en casa, siempre estaba rodeada de ellos. No sabría decir de dónde nació esa sensibilidad y cariño hacia ellos, pues en mis primeros años de vida no tuve relación con ninguno. A excepción de los perros que veía por la calle y que sus dueños me dejaban acariciar; o cuando íbamos algún centro comercial y yo corría —con los gritos de mis padres a las espaldas— hasta la tienda de animales para verlos. Y siempre pensaba lo mismo: «Ojalá pudiera llevaros conmigo».

Cuando era pequeña, me sentía rara. Extraña. No encajaba en ningún sitio y no comprendía por qué. Yo intentaba hacerme un sitio en el mundo, pero daba la sensación de que *el mundo* no quería que encajara. Al final, terminé aceptando que era una niña *rara* de tantas veces que me apodaban de esa manera. Y os aseguro que, cuando yo era pequeña, *rara* no era un cumplido; todo lo contrario. En muchas ocasiones me sentía sola.

¿Era posible que, una niña de cinco o seis años, estuviera triste? Sí, lo era. Si los padres se tomaran más tiempo en analizar a sus hijos, verían cosas que antes no percibían. Siempre se relaciona a los niños con «felicidad» e «ignorancia», y es posible que sea así, pero en mi caso no lo era. Quizá, por eso, adoraba estar rodeada de animales y no de personas. Porque los animales no juzgan; solo te aceptan en su manada, sin importar quién seas o cómo seas. Lo único que buscan es lo mismo que tú: encontrar un sitio en el mundo.

Mis abuelos tenían un perro. Se llamaba Cuki y fue mi primer mejor amigo. Mis padres trabajaban todo el día, así que yo me quedaba al cuidado de mis abuelos. Cuki nunca se separaba de mí. Mi abuelo, junto a él, me llevaban y me recogían del colegio. Era genial salir del colegio, pues Cuki montaba una fiesta como si llevara todo el día sin verme, aunque solo hubieran pasado unas pocas horas.

Yo me acuerdo de algunas cosas, pero no de todas —

era demasiado pequeña—, aunque mi familia suele recordármelo de vez en cuando. Me contaban que, después de merendar, me sentaba en la cama de Cuki —sí, dentro de la cama— con él a mi lado, y yo me dedicaba a leer cuentos. O me los inventaba, poco importaba. Y Cuki parecía que me escuchaba hasta que, poco a poco, sus ojos se cerraban para darle la bienvenida a Morfeo. Yo me unía a él y ambos nos quedábamos dormidos en esa minúscula cama. Y, justo en ese instante, el mundo encajaba para una niña *rara*.

Mi primera mascota oficial llegó cuando yo tenía seis años. Era un hámster común de color gris. Y él, junto a Cuki, fueron mis mejores amigos. ¿Os imagináis a un perro —de tamaño pequeño— y a un hámster —de tamaño enano— siendo amigos? Pues aquello pasó. Y mi mundo mejoró un poquito más. Solo cuando estaba con mis dos mejores amigos era cuando me sentía una niña normal. Feliz y comprendida.

La esperanza de vida de un hámster común es de dos a tres años, aunque yo —por aquel entonces— no lo sabía. Sin embargo, mi hámster duró casi cuatro años. El veterinario me dijo que vivió más tiempo de lo estimado porque mis cuidados eran excelentes. Quizá solo lo dijo para que me sintiera menos triste, pero lo consiguió. Yo me sentía tan triste que... En fin, nunca me había sentido de esa manera. Y solo tenía nueve años.

Enterré a mi amigo en la residencia de mi tío, una casa en el campo que conserva a día de hoy. Lloraba, lloraba y lloraba. No había consuelo para mi pequeño corazón roto. Aunque todavía tenía a Cuki, era consciente de que se acabaron las aventuras y desventuras de un perro, un hámster y una niña. Se acabaron las mañanas de una niña que se levantaba ilusionada para darle los buenos días a su pequeña mascota, quien contestaba con un pequeño aleteo de sus orejitas.

Desde entonces, han pasado infinidad de animales en mi vida: tortugas, hámster, canarios, gatos, periquitos; incluso caracoles, gusanos y un saltamontes. Hasta que conocí a mi compañero de vida, al amor de mi vida y quien cambiaría a esa niña *rara*: Cody.

Capítulo 1

«Los perros nunca saben lo que vendrán y
viven el momento. Saborean lo bueno, hacen lo mejor
para soportar lo malo y ofrecen este milagroso ejemplo
para que podamos aprender de ellos»
Linda Grey Sexton

Tenía dieciocho años cuando apareció en mi vida. Al llegar el fin de semana, mis padres y yo conducíamos hasta la residencia de mi tío. Mi padre quería descansar de la ciudad y respirar paz en el campo. Mi padre y mi tío eran uña y carne, así que a mí me encantaba estar allí con mi prima pequeña. Pasábamos todas las horas juntas durante el fin de semana.

Aquel sábado por la mañana, mientras yo desayunaba, mi prima —Nieves— entró tal cual huracán llena de alegría y gritó:

—Prima, ¡Laika ya ha tenido a los cachorros!

Laika era la perra de mi tío. Era muy buena y cariñosa. Siempre que la veía, me dedicaba a darle muchos mimos hasta que ella decidía que ya eran suficientes. Era preciosa; de tamaño pequeño, rubia —tirando a castaño claro— y sus patitas eran blancas, como si las hubiera metido en un cubo de pintura.

En cuanto mi prima pronunció la palabra *cachorros*, terminé mi desayuno lo más rápido posible y fuimos a su caseta. Deseaba conocer a esos cachorritos. Estaba nerviosa y no entendía el motivo.

Mi prima me contó que mi tío había adaptado la parte de atrás de la casa para que la madre alimentara a sus criaturas. Lo primero que vi fue a Laika, tumbada, y me saludó con un movimiento de cola. No se levantó a saludarme, ya que estaba ocupada amamantando a sus siete niños. Y aquella imagen fue maravillosa. Han pasado dieciséis años desde entonces, pero esa escena continúa grabada en mi retina. Como si hubiera sucedido ayer.

Lloré por la ternura que esa mamá me produjo. Miraba a sus hijos con un brillo especial en los ojos y, de vez en cuando, se inclinaba para besar a uno de ellos en la cabeza. Entendí que su función era protegerlos y cuidarlos, por lo que no se mostraba muy reacia a que nos acercáramos.

No recuerdo cuánto tiempo nos quedamos ahí con ellos. ¿Minutos? ¿Horas? Solo sé que no quería irme. Observé a las criaturas de lejos, todas tan pequeñitas y vulnerables. Apenas medían unos centímetros, y comprendí que Laika no quisiera que los tocaran. Eran sus pequeños tesoros. Cuando decidimos que era hora de irnos, me acerqué con cautela a ella, me agaché y le di un beso en la cabeza.

—Eres la mejor mamá del mundo —le dije.

Ella me besó la barbilla y movió su cola con mucha energía, a pesar de estar cansada por alimentar a sus pequeños hambrientos. Los observé a todos una última vez. Tenían el pelaje muy oscuro, todo lo contrario a Laika. Y habría dudado de que fueran suyos, de no ser porque sabíamos que estuvo embarazada del perro vecino; un yorkshire con muy mal genio.

Aquel fin de semana no volví a molestarlos, aunque no diré que —antes de volver a la ciudad— me acerqué para observarlos desde la distancia.

A la semana siguiente, los cachorros habían crecido muchísimo. Estaban más gorditos, aunque el pelaje oscuro continuaba con ellos. Y Laika, esa mamá sobreprotectora, permitía que nos acercáramos.

Estaban llenos de energía, se movían de un lado para otro, aunque se cansaban con facilidad. Demasiada energía para un ser tan pequeñito. Y mi corazón volvió a llenarse de amor cuando, al acercarme a Laika para saludarla, me presentó a sus hijos. Es increíble la capacidad que tienen los animales para captar las emociones de los humanos. Fue como si Laika me diera la bienvenida a su nueva familia. Volví a sentir que no me juzgaba, sino que estaba en el lugar correcto.

Laika me presentó a los seis cachorros, excepto al séptimo, el único que estaba inquieto todo el tiempo y que no paraba quieto. No se cansaba de jugar. Y fue, entonces, cuando las miradas de aquel séptimo cachorro y la mía se cruzaron. No sabría explicarlo con exactitud, pero un cosquilleo nació en mi interior.

Era el más diferente a sus hermanos en cuanto a pelaje. Los demás eran totalmente oscuros; él tenía las patitas, la barriga, el hocico y las *cejas* blancas. Ambos nos quedamos quietos, mirándonos. Como si estuviéramos memorizando las facciones del otro. O quizá nuestras almas estaban conectando justo en ese momento y teníamos que pasar por aquel trance. Me gusta más pensar que fue lo segundo, ya que sin ser mío lo sentí como tal.

Yo no quería realizar movimientos bruscos o rápidos, continuaba con seis cachorros a mi alrededor y una mamá que me vigilaba con atención. Al final, fue aquel curioso cachorro quien dio el siguiente paso.

Se acercó a mí y *escaló* —yo estaba sentada en el suelo— por mis piernas hasta llegar a mi sudadera. Creo que, si él hubiera sabido que la sudadera tenía un bolsillo en la parte de abajo, se habría metido dentro. Porque, en cuanto su pequeño cuerpo entró en contacto con la tela, se acomodó en ella. Se enroscó con su propio cuerpo y se quedó dormido en cuestión de segundos.

Y yo... yo no sabía cómo sentirme. En aquel mismo instante, fue como si el mundo se hubiera detenido y solo estuviéramos él y yo. Que, aquella cosa tan pequeñita, le había devuelto un sentido a mi vida.

—Parece que te ha elegido —dijo mi prima—. Nunca deja que los demás se acerquen.

¿Aquello era posible? ¿Ese cachorrito me había elegido? Pero ¿por qué? Yo no era nadie en especial, solo una simple chica de dieciocho años. ¿Qué podía darle yo?

—Llévatelo —dijo mi tío, que apareció en ese momento—. Puedes quedártelo.

—No lo sé... —contesté.

Y, mientras teníamos esa conversación, aquel pequeñajo seguía dormido en mi sudadera. No se movió ni un centímetro. Estaba ajeno a todo. Notaba su pequeño calor en mi estómago, a través de la sudadera. Un calor muy reconfortante que solo te proporciona cuando te encuentras en casa.

—Cariño, ¿lo quieres? —preguntó mi padre. No me había percatado de que estaba detrás de mi tío, observando la escena—. Como ha dicho tu prima, ese perro te ha elegido.

Mi padre sabía que mis emociones salían a relucir cuando estaba cerca de los animales. Al fin y al cabo, me llamaban niña *rara*. Y ese mote también me lo gané porque me mostraba más cómoda con los animales que con las personas.

—Pero ¿por qué me ha elegido? —pregunté con lágrimas en los ojos—. Yo... no soy nadie.

Era consciente de que un perro no solo se trataba de sacarlo a pasear o que siempre tuviera comida y agua en su cuenco. También estaba el tema del veterinario. Al igual que los humanos, ellos tenían que ir al médico cuando se encontraban mal o para mantener sus vacunas al día. Por no hablar de que, en caso de que estuviera delicado de salud, habría que invertir mucho dinero en su tratamiento.

—Los perros tienen un instinto para elegir a las personas —continuó mi padre—. Cariño, si te ha elegido a ti, es porque eres la elegida para él.

Aparté la vista de mi padre y la dirigí al cachorro. Aquel perro, sin ni siquiera saber quién era yo, conseguía que mi mundo se hiciera más bonito. Más soportable.

—Cuidaré de él, papá —contesté—. Te lo prometo.

Y os aseguro que nunca había dicho nada tan cierto como aquello. No había ningún «pero» invisible. Cuidaría de él, incluso mejor que a mí misma. Algo, dentro de mí, me decía que *él* sería el único que me ayudaría a encontrar mi lugar en un mundo que se encargaba de hacerme daño.

Lo mejor de mí

(Marta Acedo)

Tu silencio me consuela más que cualquier palabra. Cuando estás conmigo, todos mis problemas desaparecen consiguiendo que la tristeza se marche y ceda el paso a la felicidad.

Me encanta llegar a casa y que me recibas como si hubiesen pasado años desde la última vez que nos vimos, cuando ni tan siquiera han pasado cinco minutos.

Cuando me marcho, me esperas pacientemente. No importa el tiempo. Tú siempre estás ahí para celebrar mi regreso.

Me quieres tal como soy, no te importa lo que tenga, lo que haga o las veces que fracase. A ti solo te basta una caricia para sentir un amor incondicional por mí.

La inocencia de tu mirada me transmite paz. Ojalá tuviera la capacidad de ver a través de tus ojos y, de esa manera, observar lo bonito de la vida obviando todo lo malo.

No quiero imaginar el día que lance tu pelota y no corras tras ella.

No quiero imaginar el día que mire tu cesta y no te encuentre acurrucada perdiéndote en tus sueños.

No quiero imaginar el día que te llame y tu nombre quede en el aire.

Ese día se habrá marchado lo mejor de mí.

Capítulo 2

«La grandeza de una nación y su progreso moral
puede ser juzgado por la forma en que
sus animales son tratados»
Mahatma Gandhi

16 AÑOS MÁS TARDE

A día de hoy, no tengo un gran recuerdo de lo que ocurrió. Todo sucedió a cámara lenta, como una especie de fotogramas. No creía lo que estaba a punto de suceder, no creía que fuera real. No a él, no a Cody.

Cody tenía dieciséis años y medio, pero nunca dio indicios de que estuviera enfermo. Parecía como si la juventud se hubiera quedado para siempre con él. Jugaba, corría, comía, bebía y seguía pidiendo sus dosis de mimos a todas horas.

Hasta ese fin de semana.

Cody dejó de comer y de beber. Vomitaba bilis varias veces al día, ya que no tenía nada de alimento en el cuerpo. Solo quería dormir, ni siquiera le apetecía pasear. Y yo traté de no preocuparme, pensé que se encontraba mal por ingerir algún alimento en mal estado. Nunca pensé en el desenlace final.

El lunes, a primera hora, lo llevé al veterinario. Julián —el veterinario que lo trataba desde cachorro— no quiso decir nada, pero en sus ojos veía que algo no iba bien. Solo me dijo que esperaríamos a los resultados de la analítica para ver cómo tratarlo.

Esa misma noche, mi marido recibió la llamada de Julián. No sabía cómo decírmelo por teléfono, por eso optó en hablar con Raúl. Quería que alguien estuviera a mi lado cuando recibiera *la noticia*.

—Mi amor, tenemos que hablar —me dijo—. Es... es sobre Cody.

No quise escuchar nada, a pesar de que debía hacerlo. Me quedé anclada en el sofá, escuchando la voz de Raúl de fondo, mientras yo acariciaba la cabeza de Cody. Lo único que percibí fue «problemas de riñón y de hígado» y «no hay nada que podamos hacer por él».

Sabía qué significaban esas palabras. Raúl quería formular la pregunta, pero no sabía cómo hacerlo. La pregunta que le daría el último suspiro a mi compañero.

—¿Cuándo? —pregunté—. ¿Te ha dado hora?

—Julián dice que mañana al mediodía nos hace un hueco a la hora del cierre para que tengamos privacidad a la hora de... ya sabes. —Tragó saliva—. Esto es una mierda, amor.

Sí, tenía razón, era mierda muy injusta. Hacía tan solo una semana que estuvimos todo el fin de semana con Cody. Nos fuimos a las afueras de la ciudad, a un lugar lleno de bosque y naturaleza. Cody disfrutó, Raúl y yo también lo hicimos. Éramos una familia de tres.

Y ahora... en una semana... todo se había ido a la mierda.

$$-\sqrt[\,]{}\cdot\!\backslash\!\wedge\!\wedge\!\wedge\!\int\!2\!\wedge\!\circ$$

Esa noche, Raúl y yo no dormimos ni un minuto. No dijimos nada, no teníamos nada que decir. Nos tumbamos en el sofá con nuestro hijo en medio. Cody apoyó su cabeza en mi omoplato, como siempre hacía cuando quería darme seguridad. Para que supiera que él estaba ahí.

Pero aquella noche fue diferente, ya que escuchaba la respiración entrecortada de Cody. Como si le costara respirar. Como si le costara vivir. Y yo me aferraba a él con más fuerza. No quería aceptar que esa sería la última noche que pasaríamos juntos.

Y, entonces, cuando creía que no podría sentir más dolor, Cody empezó a emitir pequeños gimoteos en mi oreja. Como si él ya hubiera aceptado que era su final. Como si se estuviera despidiendo de mí. Y las lágrimas salieron de mis ojos con facilidad. Traté de evitarlas, ya que no quería que Cody me viera así, pero no conseguía parar.

Raúl besaba mi frente y la cabeza de Cody cada cierto tiempo. No sabía cómo lo hacía para mantenerse firme en una situación similar. Pero lo agradecí, ya que se dedicó a decirle cosas a Cody como «Nunca habrá nadie como tú» o «Nos has enseñado a apreciar los pequeños detalles». Cosas que me habría encantado decirle yo misma si no hubiera estado tan rota.

Capítulo 3

«La vida de los perros es demasiado corta.
En realidad, el único defecto que tienen»
Agnes Sligh Turnbull

No supe cuánto tiempo estuvimos en la misma posición durante la noche. Raúl me despertó, todavía con Cody entre mis brazos.

—Amor, tenemos que irnos —susurró—. Cámbiate, yo me quedaré con él.

Arropé a Cody con su manta favorita —se la regalamos en unas Navidades y no se separaba de ella— y salimos de casa. Y deseé que el camino al veterinario fuera lo más lento posible para evitar lo inevitable. Raúl caminaba a mi lado, me agarraba de la cintura, pero yo no desviaba la mirada de Cody. Sería el último paseo. A partir de ese momento, la palabra «última» estaría más presente que nunca.

Julián nos recibió con una triste sonrisa, y me abrazó con delicadeza para no aplastar a Cody. Conocía a ese hombre desde la primera visita de Cody con apenas meses de vida. Era el único médico que lo había tratado desde entonces. Y diría que también había tristeza en su mirada.

A cada paso que dábamos hacia la consulta, sentía que mi corazón se rompía un poco más. Julián nos hablaba, pero yo no escuchaba nada. No conseguía concentrarme en nada que no fuera Cody, quien seguía entre mis brazos. No quería soltarlo. Todavía no.

No creía que nos estuviera pasando a nosotros.

Raúl me quitó a Cody, le dio un beso en la cabeza y lo tumbó sobre la camilla. El final estaba cada vez más cerca. No creía que estuviéramos apunto de dormirlo. De dormirlo para siempre.

—¿De verdad no hay nada que podamos hacer? —pregunté a Julián—. ¿Nada?

—Lo siento, Andrea —respondió—. Si no hacemos nada, seguirá sufriendo hasta que llegue la hora. Quizá sean días o semanas, pero no mucho más. Es muy mayor. Lo creas o no, es normal en perros de su edad.

En ese momento, me rendí. Si él, que sabía cómo tratar a un animal, decía que no se podía hacer nada, era porque no se podía. Y eso me dolía.

Me senté en la camilla sin preguntar si podía hacerlo, y

apoyé la cabeza de Cody en mi regazo. Quería estar con él en ese instante, en el instante en que se marchara para siempre. Quería que supiera que no lo había abandonado, que habría hecho lo imposible para que permaneciera a mi lado, aunque solo fueran unos años más.

—Primero le administraré anestesia para que se quede dormido —comentó Julián—. Después…

Se quedó en silencio, no hacía falta que continuara hablando para saber qué pasaría «después». Le colocó un catéter en la pata bajo mi atenta mirada. No sabía si lo estaba incomodando, solo quería inmortalizar todos esos últimos momentos. Supe cuándo le suministró la anestesia. Los gemidos de Cody quedaron silenciados, y mi corazón se rompió todavía más.

No había marcha atrás. Estaba pasando. Y yo solo quería morir con él.

Raúl acomodó su cabeza en mi regazo, de modo que quedó apoyado contra la frente de Cody. Habló con nuestro niño en todo momento. Yo no podía. No era capaz. No quería despedirme, pero sabía que era lo mejor para él. No merecía sufrir. No merecía nada más que la felicidad absoluta.

Entendí que, si lo obligaba a continuar conmigo —

aunque fueran unos días más—, estaría siendo egoísta con él. Y eso era lo último que quería para Cody.

Cuando yo era pequeña, era una niña muy tímida y rechazaba cualquier tipo de contacto. Con Cody, ocurrió todo lo contrario. Mis padres se sorprendieron que fuera tan —pero tan— cariñosa con él, no entendían qué había cambiado.

Cody lo había cambiado todo. Mi forma de ser, mi forma de ver los obstáculos, mi forma de interactuar con los demás. Cody era un antes y un después en mi vida.

Y en aquel momento, cuando su pequeño cuerpo dejó de respirar, supe que ya nada volvería a ser como antes. Nuestra familia se había roto. Yo me había roto por completo.

—Os dejaré solos —dijo Julián, después de un silencio que se hizo eterno—. Salid cuando os sintáis preparados.

Raúl continuaba apoyado en mi regazo, acariciando el cuerpo inerte de Cody. Yo no me había movido ni un centímetro, todo mi cuerpo estaba en tensión y completamente paralizado. Hacía apenas cinco minutos, Cody todavía continuaba con vida. Y ahora... ahora ya no estaba.

No supe cuánto tiempo estuvimos en esa misma posición,

fue Raúl quien dio el primer paso. En silencio, se levantó y apoyó su frente contra la mía. Yo no podía mirarlo. No podía hacer nada. Solo respirar.

—Debemos irnos, amor —susurró, pero yo negué con la cabeza—. Tenemos que irnos.

—No quiero separarme de él —dije con lágrimas en los ojos.

—Estoy contigo, amor. Vámonos.

Abrí los ojos para enfrentarme a él. No quería irme, era así de simple. No quería separarme de Cody. Bastante... bastante había hecho con tomar *esa* decisión como para marcharme y actuar como si nada hubiera ocurrido.

—¡No! —grité—. ¡Te he dicho que no quiero!

La mirada de Raúl se tornó más triste, pero no me importó. Yo era la que había perdido a su compañero de vida. La que había perdido esas ganas de continuar adelante. Sin Cody, lo había perdido todo.

—Te esperaré fuera.

Nadie está preparado para recibir a la muerte con los brazos abiertos, y menos cuando se trata de un ser querido. Quizá podías mentalizarte, incluso aceptarlo, pero cuando llega ese día... todo lo aprendido se difumina. La muerte es inevitable, pero mi corazón opinaba todo lo contrario. Era como si el dolor se hubiera mezclado con mi sangre y nada de lo que sentía era positivo. Todo era negro, oscuro y apagado.

Nada tenía sentido.

Observé a Cody por última vez. Observé todas esas canas que lo hacían parecer todavía más rubio, a pesar de que —cuando era cachorro— su pelaje era oscuro. Observé sus pequeñas patitas, esas que me encantaba llevarme a la boca solo para fastidiarlo. Observé sus pequeñas orejas, esas que siempre levantaba cuando le decía «calle» o «comida». Observé su pequeño hocico, y supe que jamás volvería a lamerme la cara cuando le daba un ataque de alegría. Lo observé mientras pensaba en lo feliz que me había hecho en los dieciséis años y medio que llevaba a mi lado. Lo observé sin saber cómo continuaría con mi vida ahora que él no estaba a mi lado.

—Te prometo que, en cuanto me vaya de este mundo, me iré directa a reunirme contigo. —Sollocé—. Y te prometo que, a partir de ese momento, jamás nos volveremos a separar.

Capítulo 4

Me despedí de Julián nada más darle el último adiós a Cody y salí de la clínica veterinaria. Ni siquiera me percaté de que Raúl me estaba esperando. La realidad era que quería huir de todo y de todos, incluido él. Solo quería estar sola, tal y como me sentía desde el último suspiro de Cody.

Supe que Raúl me había seguido cuando posó su mano sobre mi cintura. No sabía cómo actuar con él, ni siquiera sabía cómo actuar conmigo misma. Sentía que estaba viviendo una pesadilla muy real y que, en cualquier momento, me despertaría y tendría a Cody durmiendo a mi lado. Y nos iríamos a pasear, como cada mañana, antes de irme a trabajar.

—¿Qué pasará con el cuerpo? —pregunté.

—He pagado la incineración —respondió—, en unos días pasaré a recogerlas.

No pensé en esa posibilidad. En realidad, no había pensado. Todo había pasado de la noche a la mañana y me sentía perdida. Para desgracia de los amantes de los animales, no existían los cementerios donde llorar a nuestros peludos. Pensé que, simplemente, la clínica se haría cargo del cuerpo.

Pensar en que tendría sus cenizas cerca de mí, me hacía sentir que no se iría del todo de mi vida. Pero, para ser sinceros, no aliviaba ni una pizca de mi dolor.

—Gracias, te devolveré el dinero.

No sabía qué más decir, me limité a formar un par de frases para que supiera que todavía continuaba entre los vivos. Aunque ya no me sintiera parte de ese mundo.

—No digas tonterías, amor —frunció el ceño—, no me tienes que devolver nada.

No dijimos nada más de camino a casa. Escuchaba las voces de las personas que estaban a nuestro alrededor, a los niños jugar en el parque, el claxon de los coches. La vida continuaba para los demás, como si nada hubiera pasado. No eran conscientes de que mi vida ya nunca sería la misma. Era injusto que las manecillas del reloj continuaran girando cuando la de Cody se había parado para siempre.

Cuando estábamos cerca de mi portal, observé que mis padres estaban justo ahí. Nunca me visitaban sin antes consultar si estaríamos en casa o no. De hecho, si no hubiera pasado lo de Cody, ambos estaríamos en el trabajo.

—¿Los has llamado tú? —le pregunté a Raúl—. Podrías haberme consultado, ¿no crees?

Estaba siendo muy injusta con él, pero a una parte de mí no le importaba las consecuencias de mi reproche. Yo solo quería estar sola, acurrucarme bajo la manta de mi cama y no despertarme hasta pasados unos días. Hasta que la herida dejara de doler.

—Lo siento, yo... pensé que te gustaría estar con tu familia.

Hice una mueca de desaprobación.

Mis padres y yo estábamos muy unidos, y siempre que nos reuníamos era motivo de celebración. Pero en esas reuniones, Cody estaba con nosotros. Nunca pasaba desapercibido cómo salía del coche y corría hasta el jardín de mis padres para hacerse notar con sus ladridos. Lo llenaban de abrazos y besos. Le encantaba reunirse con los abuelos.

Pero hasta esas reuniones habían cambiado para siempre.

Me acerqué a mi madre y me dejé abrazar, aunque no me apeteciera. Quería mantenerme firme con ellos. No quería escuchar las típicas frases de «Lo siento», «Era lo mejor» y «Todo irá bien». Lo hacían para que me sintiera mejor, pero nada de lo que me dijeran haría que Cody volviera conmigo. Eso era lo único que me reconfortaría.

Subimos al piso y yo me limité a sentarme en el sofá con un suspiro. No me molesté en sacar bebidas o algo de picoteo. No me apetecía, solo quería fundirme en ese sofá. Raúl y mis padres fueron a la cocina. Los escuché susurrar, aunque no me molesté en tratar de escuchar la conversación. Estaba claro que hablaban de lo que había pasado.

Durante las siguientes horas, Raúl y mis padres estuvieron hablando de cosas triviales. A mí me hacían algunas preguntas, pero me limitaba a encoger los hombros. Mi madre se sentó a mi lado y, de vez en cuando, me cogía de la mano.

No supe cuándo se fueron mis padres, solo recuerdo que Raúl me despertó en el sofá. Había soñado con esa primera vez que me encontré con Cody, cuando se quedó dormido sobre mi sudadera y no hubo manera de separarlo de mí.

Y yo solo quería volver a quedarme dormida para estar

con él.

—Amor, ¿nos vamos a la cama?

No me dejó replicar, yo no quería irme a la cama. Tampoco quería continuar en el sofá, ni en ese piso. No quería estar en ningún sitio. Raúl me cogió entre sus brazos y me llevó hasta nuestro dormitorio, donde me ayudó a cambiar la ropa de calle por el pijama.

En cuanto nos acostamos, Raúl me atrajo hacia su cuerpo y me apoyó contra su pecho.

—Todo irá bien, amor —dijo mientras me acariciaba el pelo—. Te prometo que todo irá bien.

¿Que todo iría bien? ¿Cómo se atrevía a decir tal cosa cuando habíamos perdido a un miembro de la familia? Quise hablar, quise gritar, quise escupirle toda la rabia que sentía. Estaba tan cansada de la situación... y no había hecho más que empezar.

Capítulo 5

Adoraba dormir en mi cama con Cody, tanto en invierno como en verano. Ambos buscábamos el calor del otro, y diría que nunca he dormido tan bien en mi vida que cuando lo hacía con él. Nos protegíamos el uno al otro, pero yo me sentía todavía más segura cuando apoyaba su cabecita en mi pecho. Sin embargo, Cody y yo nos parecíamos en muchas cosas y, una de ellas, era que nos movíamos muchísimo durante la noche. Por eso, en algunas ocasiones, Cody prefería la comodidad de su cama para dormir a pata suelta.

La primera mañana sin Cody fue la peor de todas, aunque todavía faltaba la segunda, la tercera... Faltaba toda una vida de despertares sin él.

No me desperté con Cody entre mi cuerpo y el de Raúl, quien se habría subido durante la noche en busca de nuestro calor. No me desperté con la imagen dormida de mi hijo, como cada mañana desde hacía dieciséis años. Era una realidad que no quería aceptar. Cuando fui consciente de que no estaba en una pesadilla, sino que se trataba de la vida real, rompí a llorar.

No me había permitido llorar su muerte desde que me despedí de él en la consulta. La última imagen de su cuerpo, separado de su alma, será algo que recordaré toda la vida.

Raúl se despertó debido a mis llantos, lo supe porque me miraba desde su lado de la cama. Yo no lo miré, sino que continué con la vista fija en el techo mientras miles de lágrimas bañaban mi rostro. Sentía un dolor tan fuerte que no sabía cómo soportar.

Raúl me cogió de la mano para que supiera que estaba ahí, conmigo, soportando el mismo dolor que yo. Me abracé a él con fuerza y me apoyé contra su torso. Ambos nos fundimos en un eterno abrazo mientras las lágrimas continuaban bajando por mis mejillas.

Sin saber cómo, me quedé dormida y mi subconsciente viajó hasta la primera noche de Cody en el piso de mis padres. Por aquel entonces, aún no había conocido a

Raúl. Solo estábamos Cody y yo. A pesar de que era un cachorro muy independiente, había algo que no llevaba bien: las noches. Yo quería que durmiera conmigo en la cama, pero mis padres no permitían que el perro se subiera al sofá ni a la cama. Y, bueno, mi intención era esperar a que mis padres se durmieran para ir al salón y buscar a Cody. Algo, en mi interior, me decía que Cody no conseguiría dormir. Y mi intuición fue cierta; pues, nada más acostarnos, Cody empezó a llorar. Supuse que él estaba acostumbrado a dormir entre el calor de sus hermanos cuando llegaba la noche, pero, ahora que tenía una nueva familia, lo echaba en falta.

Me levanté de la cama, alarmada y preocupada, para ir con él. Mi padre apareció por el pasillo y me ordenó que me fuera a dormir. Mi obligación —según ellos— eran mis estudios y no querían que fuera a la universidad con pocas horas de sueño a las espaldas. Cómo si a mí eso me importara.

Fue mi padre quien se quedó con Cody en el salón. Lo abrazó y los dos se quedaron dormidos. Y así fueron las siguientes semanas hasta que Cody comprendió que no le pasaría nada en medio de la oscuridad. Le compramos una cama —tamaño XL— y acomodamos muchísimas mantas para que sintiera el calor de estas.

Mi madre siempre explica que mi padre, ni cuando yo era un bebé, se levantaba de la cama para ver por qué lloraba. Y que estaba sorprendida de que sí lo hiciera con Cody. Y eso respaldaba mi teoría: mi padre también se alegraba de que ese pequeñajo irrumpiera en nuestras vidas.

Sin embargo, a los pocos meses, ocurrió lo que mis padres me habían prohibido. Cody se escaqueaba del salón y subía a mi cama por las noches. Buscaba mi calor para dormir. Y a mí no me importaba dárselo, al contrario, que lo buscara por su propio pie significaba que entre nosotros era todo más fácil de lo que parecía. Mis padres siempre me decían «así lo acostumbrarás a que siempre te busque para dormir». Siempre me mordía la lengua ya que, por aquel entonces, era políticamente correcta; pero en mi cabeza quedaba la espinita de darle una respuesta al respecto. «¿A ti qué te importa lo que haga con mi hijo?».

Se dice que nosotros, los humanos, debemos ser el *macho alfa* de la manada para que nuestro perro nos haga caso. Nunca le he levantado la mano a Cody, ni siquiera cuando hacía algo mal. Se necesita paciencia y mucha comprensión para educar a cualquier ser humano. Ocurre lo mismo con los animales. Ellos no sabrán qué han hecho algo mal por el hecho de pegarle, lo único que sabrán es que su humano le está haciendo daño físicamente.

Los perros, o los animales en general, se encuentran en manada y tienen gestos cariñosos entre ellos. Les gusta el contacto físico y estar en compañía. Cody siempre buscaba mi cariño cuando lo necesitaba, igual que lo rechazaba cuando quería independencia. Es lo mismo que ocurre con nosotros.

Ojalá viviéramos en un mundo donde los demás aprendieran a amar como lo hacen los animales. Ellos muestran el amor sin condiciones, no te juzgan y, por descontado, no te humillan cuando hay una riña de por medio. No son rencorosos, tampoco conocen la maldad. El único sentimiento que sienten por su humano es el más puro y real del mundo: el amor.

Ojalá viviéramos en un mundo donde *animalizáramos* a los humanos.

Capítulo 6

Me desperté desorientada y con el rostro lleno de lágrimas. Imaginé que también estuve llorando en sueños. Raúl ya no estaba a mi lado, pero había dejado una nota en la almohada.

«Me he ido a trabajar. He llamado a tu encargada para decirle que no te encuentras bien. Tómate el tiempo que necesites, amor. Te quiero».

Suspiré. Cómo si el tiempo fuera a curar las heridas de un corazón roto. Me reiría en la cara de aquella persona que dijo, por primera vez en su vida, «el tiempo lo cura todo».

Como un autómata, me levanté de la cama y fui hasta el baño. Me miré en el espejo y no me gustó su reflejo. Mi melena castaña estaba despeinada, sin brillo y sin vida. El color marrón verdoso de mis ojos apenas se percibía, estaban tan oscuros que la pupila y el iris no se diferenciaban. Aparté la mirada tras comprobar que mi tez era más pálida de lo normal. Esa imagen reflejaba cómo me sentía: triste, rota, perdida.

Me di una larga ducha con la esperanza de que el agua se llevara todo el dolor por el sumidero. Aunque, al salir de baño, esa pequeña posibilidad se evaporó. Todo el piso me recordaba a Cody. Sus juguetes, sus collares, su cama... Todo continuaba ahí, y yo deseaba que apareciera para exigirme su paseo matinal.

Pero nada de eso pasó, y cada vez me sentía más desesperada.

Me vestí y salí a la calle para que los rayos de sol me dieran un poco de tregua, pero eso tampoco pasó. Nada más pisar el asfalto, mi subconsciente me trasladó al primer paseo de Cody. Qué curioso era todo aquello. Nunca me había parado a pensar en nuestras *primeras veces*, pero ahora que él ya no estaba, no paraban de repetirse en mi cabeza como un disco rayado.

Aparte de mis padres, mis tíos y mi prima, Cody no sabía lo que era la civilización. Ni tampoco que existían más perros —aparte de sus hermanos— de todos los tamaños y colores. Y aquello lo descubrió con su primer paseo. Después de clase, le coloqué un collar y una correa que yo misma compré con mis ahorros. Cody se enfadó, ya que no estaba acostumbrado a llevar un collar. Siempre iba de un lado para el otro, a sus anchas. Como el buen cachorro independiente que era.

Sin embargo, cuando abrí el portal de mi piso, los ojos de Cody se abrieron como platos. Se quedó paralizado. Veía gente sin parar, a quienes quería saludar, pero estos pasaban de largo. A día de hoy, sigo sin entender cómo hay gente que no responde al saludo de un perro. Me veo incapaz de hacer algo así.

Caminé unos pasos con Cody a mi lado, aunque estaba maravillado con tanto movimiento. Era tan energético que se tropezaba con sus pequeñas patitas. Estaba disfrutando, igual que lo haría un niño pequeño en el parque. Hasta que, a lo lejos, visionamos a un perro samoyedo. Creí que Cody se acercaría a él, pero nada de aquello ocurrió. De hecho, lo ignoró, pero el samoyedo —era diez veces más grande que Cody— quería jugar con él. Los samoyedos son conocidos por ser cariñosos y apeluchables, pero Cody no opinó lo mismo.

Empezó a gritar como si lo estuviera matando, y eso que el samoyedo apenas se había acercado a nosotros.

Cody se colocó entre mis piernas y trató de escalar por ellas, totalmente aterrado. No me quedó más remedio que agacharme y protegerlo entre mis brazos para que se tranquilizara. Cody estaba tan asustado que, incluso, intentó meterse por dentro de mi camiseta.

Me disculpé con el dueño del perro —y del samoyedo, por supuesto— y continué mi camino hasta un parque apartado de la civilización. Me dediqué a acariciar la cabeza de Cody mientras le decía que se relajara, que ya había pasado todo. Busqué transmitirle mi calma, y diría que funcionó; pues Cody dejó de gritar y volvió a observar todo nuestro alrededor con ojos curiosos. Eso sí, se negaba a bajar de mis brazos.

Aquel fue el primero de muchos paseos, pero, sin duda, Cody comprendió que yo nunca permitiría que nada malo le pasara. Que podía sentirse tranquilo y seguro a mi lado. Una muestra más de que, aunque ambos sintiéramos un vínculo entre nosotros, todavía nos quedaba un largo camino para forjarlo por completo.

⌁

Caminé tanto como me fue posible, pero mis piernas me

dijeron que ya era suficiente por hoy. De camino a mi piso, paré en *La Cafetería de Silvia* y me senté en la mesa más apartada de las demás. No me apetecía volver a casa y encontrar, una vez más, que Cody no me recibiría en la puerta entre ladridos y muestras de cariño.

No sabía cuánto tiempo llevaba en la cafetería, pero en mi mesa había tres tazas vacías de capuchino. Adoraba el capuchino que preparaban. Pensé que eso consolaría un poco mi estado de ánimo, pero lo cierto era que nada lo hacía.

—¿Amor? —Me sobresalté al escuchar la voz de Raúl a mi lado, quien dejó sobre la mesa un café expreso para él.

—¿Qué haces aquí? —Llevábamos todo el día sin hablar, ni siquiera había respondido a ninguna de sus llamadas o mensajes.

—Silvia me ha avisado —respondió—, dice que ha intentado hablar contigo un par de veces y que parecías un poco ida. Creía que te encontrabas mal.

Vivir en un pueblo más o menos pequeño y frecuentar los mismos lugares te hacía conocer a todo el mundo. Silvia era una de ellas, ya que nos encantaba desayunar o tomar un café en su cafetería. En muchas ocasiones, durante mis paseos con Cody, pasaba por el local para saludarla y que esta saludara a Cody, ya que también era una loca amante de los perros.

—Le he explicado la situación —añadió—, dice que lo siente mucho.

—Menudo topicazo... —escupí.

Raúl no dijo, solo sorbió de su café, pero no le había gustado mi respuesta. Yo no era así, no era tan... desconsiderada, por así decirlo. Pero me encontraba en un momento de mi vida en que todo me sentaba mal.

—¿Cómo te encuentras, amor? ¿Has conseguido dormir?

—Sí, algo —contesté.

—¿Cómo te encuentras? —volvió a repetir, y deseé que no hubiera vuelto a formular esa pregunta.

—¿A ti qué te parece? —ataqué.

—Amor —cogió mi mano y yo la aparté. Raúl cerró los ojos unos instantes para controlarse—, no me hables así, por favor. No soy tu enemigo.

Me llevé las manos a la cara. Estaba nerviosa, aunque quizá tenía que ver con que iba por mi cuarto capuchino. No quería hablarle así, de hecho, no quería hablar. Solo quería... En realidad, no sabía qué quería.

—Deberías coger la baja —continuó—, necesitas unos días para despejarte.

—¿Por qué debería cogerla? —susurré con tomo calmado.

—No estás bien, amor. Tú y yo lo sabemos. —Al ver que no decía nada, añadió—: He pedido hora para mañana con tu médico de cabecera.

Raúl y yo llevábamos quince años juntos, y era —con diferencia— la persona que mejor me conocía. Lo amaba con todo con mi corazón, de lo contrario, no me habría casado con él ocho años atrás. Pero algo, dentro de mí, me dolía verlo tan entero tras perder a Cody. Creía que también tenía una especie de vínculo con él, y me decepcionaba que no hubiera derramado ni una sola lágrima. No parecía triste, ni enfadado, solo... estaba bien.

—¿Y tú no vas a cogerla? —Por supuesto que no, había ido a trabajar cuando no habían pasado ni veinticuatro horas desde la muerte de Cody.

—Yo... —tartamudeó— puedo soportarlo.

—Claro. —Me levanté de la mesa, no me apetecía estar con él—. Voy a pagar los cafés.

—Ya los he pagado yo —contestó.

Salí de la cafetería sin despedirme de Silvia, tampoco esperé a Raúl. Solo caminé a paso rápido hasta mi piso, a pesar de que mi marido me llamaba todo el rato para que bajara la velocidad. Era la primera vez que sentía un rechazo real hacia su persona. Jamás pensé que me pasaría eso con él. Pero me dolía... me dolía tanto pensar que mi marido, quien compartió más de una década con Cody, no le afectara en absoluto que hubiera desaparecido de nuestras vidas.

Cuando llegué a nuestro piso, conduje hasta el dormitorio y cerré la puerta. No me molesté en ponerme el pijama, solo me tumbé sobre la cama y me tapé hasta arriba con las sábanas.

Estaba enfadada con el mundo, pero, sobre todo, estaba enfadada con Raúl.

Capítulo 7

«Una casa se convierte en un hogar cuando
se agrega un conjunto de cuatro patas, una cola feliz
y esa medida de amor indescriptible que llamamos perro»
Roger A. Caras

A la mañana siguiente, un dolor de cabeza insoportable se había instalado en mis entrañas. Estaba cansada de sentir, de pensar, de respirar. Era la segunda mañana sin Cody. Me daba la sensación de que, cada día que pasara, se haría más dolorosa que la anterior. Porque la ausencia de mi hijo se haría más palpable. Cada día sería más consciente de que jamás volvería.

Raúl ya no estaba a mi lado, pero escuchaba —tras la puerta del dormitorio— que continuaba en el piso. Me levanté con la decisión de tomar una pastilla para el dolor de cabeza y volver a la cama. No pensaba levantarme en todo el día. Aunque, en realidad, lo que quería era no levantarme nunca más.

Pero esa idea se esfumó en cuanto me percaté del cambio que había sufrido nuestro piso. Y ese dolor se convirtió en una ira que crecía en mi interior.

Ya no quedaba rastro de las pertenencias de Cody en el suelo, ni en el sofá, ni en ninguna otra parte. Raúl había quitado sus camas, sus juguetes, sus mantas. Todo. Incluso la escalera que compramos para que subiera al sofá sin necesidad de saltar cuando Julián nos dijo que sufría dolor de cervicales.

Era como si Cody nunca hubiera formado parte de nuestras vidas. Y eso me mataba todavía más.

Con la llegada de Cody a mi vida, yo también adquirí una nueva rutina: cualquier excusa era válida para entrar en una tienda de animales y comprar algún juguete para él. El piso de mis padres se convirtió en una sala de juegos para Cody, ya que había peluches y pelotas por todas partes.

A pesar de que Cody tenía juguetes de todos los tamaños y de todos los colores, él sentía debilidad por unos en concreto: los míos. Me encantaban los peluches, era algo innegable, así que mi habitación estaba plagada de ellos. Aunque no me gustaba compartir mis pertenencias —en eso nos parecíamos—, al final terminé por ceder y permití que ese pequeño diablillo cogiera todos mis peluches. De hecho, uno de ellos fue su almohada durante un tiempo definido.

Mis padres no paraban de decirme que dejara de comprar juguetes, pero, para mí, que él me miraba con esos ojitos de corderito, me era imposible. Se ponía tan, pero tan contento... que solo deseaba llegar a casa para darle su nuevo regalo. Era mi niño mimado, y no me importaba admitirlo. Si Cody quería peluches, los tendría. Si Cody quería pelotas, las tendría. Si Cody quería irse hasta el fin del mundo, yo lo haría con él.

Cuando nos mudamos de casa de mis padres para irnos a vivir con Raúl, todos esos juguetes se vieron multiplicados, ya que mi marido también buscaba cualquier excusa para comprarle alguna tontería.

—Buenos días, amor —dijo Raúl en cuanto entró en el salón—. ¿Te preparo un café?

Lo miré sin dar crédito a sus palabras. Ese rechazo del día anterior se acentuaba a cada segundo que yo pasaba en silencio.

—¿Por qué? —pregunté.

—Deberías desayunar algo antes de...

—No —lo interrumpí—. ¿Por qué lo has hecho?

Paseé la mirada por toda la instancia que nos rodeaba.

Sentía que el piso ya no era nuestro, parecía otro totalmente diferente. Todo estaba igual, pero... faltaba lo más importante. Faltaba Cody.

—Pensé que necesitarías normalizar la situación.

Normalizar.

Quitar cualquier rastro de Cody era *normalizar* la situación. Quería *normalizar* la muerte de Cody. Como si la muerte fuera lo más normal en nuestras vidas.

—No tenías ningún derecho —dije—, ni siquiera me has consultado.

—Lo sé, y lo siento.

«No, no lo sientes», pensé, pero no quería decirlo en voz alta. No tenía fuerzas para discutir. No tenía fuerzas para hablar con él. La ira se apoderaba de mí, pero conseguí controlarme. No quería decir algo de lo que pudiera arrepentirme más tarde.

Me senté en el sofá, dando la conversación por finalizada, y me percaté de otra ausencia. La cocina se veía desde el salón. Los platitos de agua y de comida también habían desaparecido. Todas las mañanas, antes de preparar mi café matutino, rellenaba su cuenco de comida. En cierta manera, desayunábamos juntos. Una rutina que yo adoraba y que me dibujaba una sonrisa en el rostro durante el resto del día.

Raúl dirigió la mirada hacia el mismo punto que yo. Mis ojos se llenaron de lágrimas en cuestión de segundos. Estaba desorientada por no saber controlar la situación, pero... ¿quién lo haría en esas circunstancias?

—Tienes hora con tu médico a las once de la mañana —dijo Raúl—, ¿quieres que te acompañe?

—No, gracias, puedo soportarlo.

No pasó desapercibido para él que hiciera referencia al comentario desafortunado del día anterior. Suspiró y continuó preparándose para irse a trabajar. Qué suerte tenían aquellos que actuaban como si la vida no les hubiera golpeado en lo más profundo de su corazón.

Encendí el televisor con la esperanza de distraerme con cualquier tontería que retransmitieran, pero nada sirvió. Mis ojos estaban fijos en la pantalla, sin embargo, no prestaba atención. Lo único en lo que podía pensar era que los cuencos de Cody ya no estaban en su sitio habitual.

Y que Cody, un día más, tampoco aparecía para acurrucarse contra mí.

—¿Seguro que no quieres que te acompañe? —preguntó de nuevo, desviando la atención de mis pensamientos.

—No te preocupes.

Raúl siempre se iba a trabajar en el momento justo en que Cody y yo nos levantábamos de la cama. En alguna ocasión, le preguntaba si esperaba a que yo me despertara para marcharse con un beso de mis labios en los suyos. «Amor, no eres tan importante», bromeaba con una sonrisa mientras continuaba robándome algún que otro beso.

Y, en aquel momento, Raúl no sabía si acercarse para besarme o marcharse con una simple despedida. Yo también me percaté de aquello, pero no podía actuar como si todo estuviera bien entre nosotros. Al menos, por mi parte, nada estaba bien.

Raúl se acercó y depositó un beso sobre mi cabellera. Se despidió con un «Nos vemos luego, amor» y cerró la puerta principal. Tras seguirlo con la mirada, me percaté de otra ausencia: la correa azul de Cody ya no descansaba en el recibidor.

Capítulo 8

«Cada especie es una obra maestra,
una creación hecha con extremo cuidado y genio»
Edward O. Wilson

Los domingos por la mañana, mi padre traía el desayuno de una churrería que había en la urbanización de al lado de la residencia de mi tío. Comíamos churros acompañados de una taza de chocolate fundido que mi madre preparaba. Mis padres y mis tíos desayunaban mucho antes que mi prima y yo, ya que nosotras nos levantábamos más tarde.

Esa mañana era distinta a cualquier otra, ya que teníamos un propósito muy importante: elegir el nombre de mi perrito. Siempre me refería a él como «bolita», «gordi», «barrigota», incluso «cejas» por el color blanco que tenía en su pelaje oscuro y que daban la sensación de ser iguales que unas cejas humanas. Pero ninguno de esos nombres sería el elegido.

Según mis padres, a mí se me daba bien escoger el nombre adecuado; ya que, los dos perros que custodiaban la nave industrial de mi padre, los había elegido yo. León, un perro mestizo, el cual escogí por mi obsesión con la película Disney de *El Rey León*. Y Rex fue bautizado con ese nombre por ser un pastor alemán, igual que el perro de la serie policiaca australiana *Rex: Un policía diferente*. Nunca los consideré míos, ya que nunca visitaba a mi padre al trabajo y no tenía ningún vínculo con ellos.

Sí, lo admito: mi primera elección fue Simba de *El Rey León*. A día de hoy, mi fanatismo con esa película sigue latente y seguirá así hasta el día de mi muerte. Pero él no tenía cara de Simba, en tal caso de Scar (por el pelaje oscuro), pero nadie quiere a un compañero de vida con el nombre del malo malísimo de la película; y tampoco quería que se pareciera lo más mínimo a Scar.

Rellenamos hojas y hojas de una libreta de cuadros con diversos nombres para perro. Ninguno me llamaba la atención, ya que no me recordaban a él. Mi tía aportó el nombre de Luna, el cual descarté debido a que era macho y sabía que lo había elegido por una de sus antiguas perras. Y, bueno, mi tío también hizo su aportación: Tigre, Puma o T-Rex. También fueron descartados, aunque en esa ocasión fue mi prima la que habló antes de que lo hiciera yo.

Teníamos la televisión encendida de fondo, aunque no la estábamos viendo. Y, mientras seguíamos rellenando páginas, anunciaron que esa misma noche televisarían la película *Superagente Cody Banks*. Mi prima y yo nos miramos a la vez y nos quedamos calladas.

—¿Qué te parece Banks? —preguntó ella.

—¿Qué te parece Cody? —pregunté yo.

Y, de esa manera tan estúpida, elegimos el nombre de mi pequeña bola de pelo: Cody.

Capítulo 9

«Los animales no mienten. Los animales no critican.
Si los animales tuviesen días de mal humor,
los manejarían mejor que los humanos»
Betty White

Estaba en la sala de espera de mi médico. Esa mañana tampoco avisé a mi encargada de que no iría a trabajar, aunque quizá Raúl había vuelto a informar de que faltaría un día más. No me molesté en preguntárselo.

Miré por la ventana de la consulta sin saber qué le diría a Catalina —mi médico de cabecera— con respecto a solicitar la baja. Algunos de mis compañeros de trabajo la solicitaron cuando murió un padre o una madre, pero nunca por un animal de compañía. Aunque yo no sentía a Cody como tal, sino como a un hijo. Sin embargo, una parte de mí me susurraba que me denegarían la baja por... por lo que fuera que estuviera viviendo en esos momentos. La gente siempre se mostraba comprensiva cuando fallecía un padre o una madre, incluso un familiar lejano con el que no tenías ningún contacto. No obstante, cuando moría un animal que estuvo a tu lado durante años de forma incondicional, no existían palabras. Todo era silencio, indiferencia.

Cody llevaba conmigo con apenas dos semanas de vida. Lo vi crecer, lo alimenté, lo eduqué —a su manera—, lo llevaba al médico cuando era necesario, añadí sus necesidades a mis rutinas para ofrecerle una mejor calidad de vida, buscaba lugares que aceptaran perros donde pasar las vacaciones. Tenía toda mi atención. Le proporcioné un hogar que convertimos nuestro. ¿No tenía derecho a llamarlo «mi hijo»?

Siempre hacía oídos sordos cuando escuchaba algún comentario despectivo sobre mi forma de hablar de él. «Solo es un perro», «No puedes ponerlo a la altura de un hijo biológico» o «Ellos no tienen sentimientos, los humanos sí». Era inútil debatir con esa clase de personas, por eso optaba a ignorarlos. Yo no discutía su forma de ver a los animales, entonces ¿con qué derecho lo hacían ellos conmigo?

Cuando un hijo biológico enfermaba y debías ausentarte para cuidar de él, te daban un permiso de cinco días con derecho a remuneración. Cuando Cody enfermaba y yo debía hacerme cargo de él, solo tenía la posibilidad de cogerme días libres dentro de mis vacaciones. ¿Por qué yo no tenía el mismo derecho a ese permiso por cuidar de un familiar?

—Andrea Serrano —dijo la voz de Catalina—. Pasa, por favor.

Catalina era mi médico de cabecera desde que cumplí los catorce años. A pesar de que habían pasado veintiún años desde entonces, continuaba recibiéndome con una sonrisa. Era inevitable que, con el paso del tiempo, ambas nos tuviéramos cierto cariño.

Entré a su consulta con las piernas temblorosas. Todo estaba igual que la última vez, cuando fui a renovar la receta de mis pastillas anticonceptivas. La estancia era blanca, a excepción de los escasos muebles que eran de un tono gris blanquecino.

—Dime, Andrea, ¿qué te trae por aquí? —preguntó Catalina mientras se sentaba detrás de su escritorio.

Me senté delante de ella con los nervios a flor de pie. No sabía qué decir. No sabía cómo actuar. De nuevo, no sabía nada.

—¿Te encuentras bien? —preguntó de nuevo, a lo

que respondí con una negativa de cabeza—. Cuéntame, cielo, ¿qué te pasa?

—Yo... yo... —Notaba que mis ojos se cristalizaban y aparté la mirada, con la mala suerte de que la dirigí a una de las fotos que tenía colgadas en la pared.

Una fotografía de Canelita, un husky siberiano. Y las lágrimas salieron solas, sin pedir permiso. Me rompí por completo al pensar, una vez más, el motivo por el que estaba delante de mi médico.

Solo habían pasado dos días desde que su corazón dejó de latir, igual que el mío. Una parte de mí sentía que se había ido con él, con mi otra mitad. Cody me enseñó muchas cosas, pero nunca me enseñó a cómo vivir sin su presencia. La vida se me hacía cuesta arriba y todo era insoportable.

Qué fácil era la vida cuando estaba a mi lado.

Qué fácil sería vivir en ese instante si todavía continuara conmigo.

—¿Qué ha pasado con Cody? —preguntó Catalina, quien se había sentado a mi lado y me acariciaba ambas manos—. ¿Está bien?

Grité por el dolor desgarrador que sentía en el pecho tras escuchar su nombre. No, no estaba bien. Simplemente, no estaba. Y eso era lo peor que una persona, que amaba a su hijo con todo su corazón, le podía suceder.

Y me estaba pasando a mí.

—Lo siento tantísimo… —Catalina me abrazó mientras las lágrimas no paraban de salir—. Sé que no servirá de nada para aliviar ese dolor, pero lo siento mucho.

Me dejé arropar por ella, quien me abrazaba con fuerza mientras me susurraba al oído que me tranquilizara, ya que mi respiración empezaba a perder el control. Yo había perdido el control de mi vida, y no sabía cómo reconducirme.

Catalina solo conocía a Cody por fotografías o vídeos que le enseñaba. Cuando tenía dieciochos años, estaba tan contenta de que Cody estuviera en mi vida que le enseñé una foto que —por aquel entonces— saqué con una cámara instantánea. Siempre le hablaba de él en cada consulta hasta que Canelita llegó a su vida, así que en nuestras breves conversaciones también la incluimos a ella.

No sabía por qué, pero algo en mi interior me decía que Catalina entendería el sufrimiento por el que estaba pasando. Si algo le ocurriera a Canelita, ella también lo sufriría.

—Te daré la baja por depresión causada por contingencias comunes —explicó mientras volvía a su escritorio—. Vuelve dentro de catorce días y ahí veremos si la alargamos o te damos el alta.

Asentí.

—No sé si has sospesado esta posibilidad, pero —continuó— ¿has pensado en acudir a un especialista?

Negué con la cabeza.

—No creo que un psicólogo pueda ayudarme en esto. ¿Para qué, Catalina? ¿Para que me diga que solo era una mascota? Estoy cansada de ese discurso, ahora mismo no podría soportarlo.

—Tengo una amiga que trabaja en una consulta privada, estoy segura de que te ayudará en tu duelo. No te juzgará, te lo aseguro, a ella también le encantan los animales.

Catalina cogió una de sus tarjetas y, por la parte de atrás, escribió un número de teléfono.

—Por favor, llámala —dijo mientras deslizaba la tarjeta por el escritorio—. No te guardes el dolor, ¿de acuerdo? No es bueno para ti ni para los que te rodean. —Volví a negar con la cabeza—. Prométemelo, Andrea.

—Gracias —pronuncié mientras la cogía—. No te prometo que la llamaré, pero lo pensaré.

—Esa es mi chica. —Me sonrió—. Te he mandado la baja a tu correo electrónico, no olvides enviarla a tu empresa.

Me levanté con la sensación de que me faltaba el aire,

pero también como si hubiera liberado un poco la carga que llevaba dentro. Era la primera vez que hablaba con una persona que comprendía mi situación. Catalina era una de esas personas que rebosaban empatía, fuera cual fuese el problema.

—Mucha fuerza, cariño —dijo antes de irme.

Caminé por el pasillo de la clínica mientras revisaba mi correo, donde en la bandeja de entrada tenía la documentación de la baja. Le di a «reenviar» y escribí la dirección de correo electrónico de Recursos Humanos de mi empresa.

Cuando guardé el móvil en el bolso, me percaté de que continuaba con la tarjeta de Catalina en la mano. Al mirar la parte de atrás, había un número de teléfono con el nombre de Laura Tébar.

Capítulo 10

«¿Cuándo fue la última vez que alguien se alegró tanto
de verte, tan lleno de amor y afecto que literalmente
corrieron a saludarte? Un perro lo hará por ti,
diez, veinte, treinta veces al día»
Lionel Fisher

Cuando abrí el portal de mi bloque, mi corazón se agitó. Cody no ladraba. Siempre lo hacía en cuanto Raúl o yo entrábamos en el bloque, sin necesidad de subir las escaleras. Era como si él supiera el sonido de nuestras llaves o quizá percibía nuestro olor desde la distancia.

Sin embargo, cuando abrí el portal, solo quedaba el silencio.

Subí las escaleras todo lo rápido que pude, por miedo a que Cody le hubiera pasado algo. Nunca me perdonaría no estar ahí para él cuando me necesitara. Él siempre estaba a mi lado, incluso cuando no era necesario. Aunque, para qué engañarnos, su presencia me fortalecía y me aportaba una sensación de seguridad que nunca había experimentado con anterioridad.

Nada más abrir la puerta principal del piso, todo mi cuerpo se agitó. Cody no apareció en el recibidor. Cody no estaba. Y el miedo me aplastó el pecho, causando un horrible pinchazo.

—¿¡Cody!? —grité con la esperanza de que apareciera.

Su collar azul continuaba en el recibidor, así que era imposible que Raúl hubiera salido a dar un paseo con él. De hecho, Raúl estaba en el trabajo.

—¿¡Cody!? —volví a gritar mientras me adentraba en el piso.

Una pequeña parte de mí esperaba encontrarlo dormido en el sofá, arropado por su manta favorita, y que había estado sumido en un sueño tan profundo que ni siquiera se percató de mi llegada. No sería la primera vez, ni la segunda.

Pero tampoco estaba en el sofá, solo su manta.

—¿Amor? —preguntó Raúl, quien aparecía de la cocina—. ¿Te encuentras bien?

—¿Dónde está Cody? —pregunté con un ruego—. No ha ladrado, no ha venido a saludarme, no está en el sofá. ¿Dónde está?

Sus ojos avellana cambiaron de tonalidad y de emoción en cuestión de microsegundos. Pasó de la preocupación a la tristeza. Y, entonces, las imágenes volvieron a mí.

Cody en el veterinario. Cody con un catéter en la pata.

Cody entrando en un sueño infinito. Cody saliendo de su alma. Cody... inerte.

Por un momento, mi subconsciente me hizo creer que Cody todavía continuaba en nuestras vidas. Que nada de lo ocurrido dos días atrás había pasado. Y esa realidad me golpeó en cada poro de mi piel, en cada rincón de mi interior.

Raúl se acercó a mí y me abrazó contra su pecho. Y yo me abracé a él. Necesitaba un apoyo para no derrumbarme. Y sabía que Raúl nunca me dejaría caer. Mi respiración se volvió incontrolable, mi cuerpo tembló y mi corazón se rompió un poco más. ¿Cuántas veces se podía romper un corazón? Creía que se había roto por completo cuando Cody falleció, pero... empezaba a entender que lo peor estaba a punto de llegar.

Nos sentamos en el sofá y, sin darme cuenta, cogí la manta de Cody para abrazarme a ella. Su olor continuaba en ella. Cerré los ojos e imaginé que estaba entre mis brazos, como tantas otras veces.

—¿Por qué nos ha pasado esto a nosotros? —pregunté en un susurro—. Él estaba bien, todavía no era su momento. Nos quedaban tantas cosas por hacer...

Raúl apoyó su frente contra la mía y suspiró. Sentí su aliento en mis labios, pero yo permanecí con los ojos cerrados. No quería volver a abrirlos para aceptar esa nueva realidad que la vida me había impuesto.

—Fue inevitable, Julián nos dijo que habría pasado tarde o temprano.

—Pero ¿y si se equivocaba? ¿Y si en realidad sí podíamos hacer algo?

—Mírame, amor. —Abrí los ojos y me encontré con su mirada—. No busques culpables en esto, los resultados de las analíticas fueron negativos.

Negué con la cabeza y me separé de mi marido, pero él atrapó mi rostro con sus manos.

—Estamos juntos en esto. —Tragó saliva con un nudo en la garganta—. Lo superaremos juntos.

¿Cómo se supera la muerte de un hijo? ¿Cómo se supera que nunca más habrá paseos por la montaña? ¿Cómo se supera que nunca más volveré a mirar a esos ojos llenos de amor y ternura? ¿Cómo se supera que nunca más me recibirá en nuestro hogar con ladridos y besos? ¿Cómo se supera que nunca más volveré a dormir con él y a sentir su calor reconfortante? ¿Cómo se supera ese silencio, ese vacío, ese dolor?

La sociedad nos obliga a llenarnos la boca con palabras positivas con tal de no aceptar que ese silencio, que ese vacío y que ese dolor siempre estará presente en nosotros.

—¿Qué haces en casa? —pregunté mientras me separaba de él—. ¿No deberías estar en el trabajo?

—No podía quitarme de la cabeza cómo me has mirado esta mañana, así que he salido un momento del trabajo para saber cómo estabas. Lo siento, tenías razón. No tenía que haber tomado esa decisión sin consultarlo contigo.

Con el miedo que sentí al pensar que le había pasado algo a Cody, no me percaté de que todo estaba igual que ayer. La manta, los juguetes, los comederos. Todo había vuelto a su sitio. Volvíamos a ser una familia de tres, a pesar de la ausencia del miembro más importante. El piso volvía a ser un hogar.

—¿De dónde vienes? —preguntó, cambiando de tema—. ¿Has ido al médico?

—Sí, me ha dado la baja durante catorce días. También me ha recomendado visitar a un especialista, pero... no sé qué hacer.

—Deberías ir. —Lo miré—. Es obvio que esto no es fácil para ti y quizá necesitas alguien que pueda ayudarte.

—Te diré lo mismo que a Catalina: nadie puede ayudarme.

—Deja de hacerle caso a esa cabecita que tienes, amor. No es a ella a quien tienes que escuchar, sino a tu corazón. Él es el que ha salido peor parado en esta historia.

Me levanté del sofá hecha una furia. De nuevo, ahí

estaba. La ira. Raúl hablaba de ese tema como si no fuera con él, como si ya lo hubiera superado. O, peor, como si a él no le afectara. Respiré varias veces para relajarme.

—Tengo que volver al trabajo, amor —anunció mientras miraba su reloj de pulsera—. Tengo una reunión dentro de treinta minutos.

Raúl también se levantó del sofá para darme un beso en los labios. Quería apartarlo, alejarme de él, pero una parte de mí quería ese cariño por su parte. Lo necesitaba. Lo necesitaba a mi lado en ese momento, aunque él solo estuviera preocupado por irse a trabajar.

En cuanto escuché que la puerta principal se cerraba, busqué mi móvil en el bolso y abrí una conversación de WhatsApp para hablar con Laura. A pesar de mi negativa a pedir una cita con ella, había memorizado su contacto en la agenda. No sería la primera vez que no encontraba algún objeto dentro de mi enorme bolso.

Había perdido a Cody. Sentía que también perdía a Raúl. Sentía que yo estaba descontrolada y no sabía cómo lidiar con todo lo que me estaba sucediendo. Tenía miedo de cómo saldría parada si no intentaba manejar con todas esas sensaciones negativas en mi interior. Nunca había sentido nada igual.

Capítulo 11

Todavía me parecía una locura que estuviera enfrente de la clínica de Laura, la terapeuta que Catalina me recomendó. ¿Qué se suponía que íbamos a hacer en nuestras sesiones? ¿Cómo ella iba a ayudarme en… esto? Me parecía un disparate, pero, aun así, toqué al timbre a la espera de que alguien abriera la puerta.

No tenía nada en contra de los psicólogos, todo lo contrario; pero sí de esas personas que se hacían llamar «especialistas» y después te trataban como, si aquello que comentabas, no tuviera ninguna importancia.

Jamás olvidaré cuando, en uno de nuestros paseos por la montaña, nos encontramos a una mujer que se estaba preparando para la muerte de su perro —sufría un cáncer terminal— y acudió a un terapeuta especializado en el duelo. Este psicólogo —aunque yo no lo llamaría como tal— le dijo que era imposible que estuviera sufriendo por la muerte de un animal, que la única explicación era que existía algún trauma oculto en su cabeza y que solo lo estaba proyectando en su perro.

Nunca olvidaré las lágrimas de aquella mujer, quien solo buscaba una mano amiga para sobrellevar ese trance. Y que, cuando estaba luchando contra un dolor que le atravesaba el pecho y había acudido en busca de ayuda, un maldito gilipollas le dijera todas esas palabras. Todavía nos queda mucho camino por recorrer a la hora de reconocer que los animales también son parte de la familia. Nos falta demasiada empatía.

Toda aquella escena pasaba por mi cabeza cuando una mujer pelirroja abrió la puerta y me recibió con una sonrisa. No quería que me tratara igual, no quería que me hiciera creer que mi dolor no era real, que Cody solo era un perro y que estaba exagerando.

—Buenos días. Tú debes de ser Andrea, ¿verdad? —preguntó mientras entraba en su consulta. Asentí con la cabeza, no paraba de decirme internamente qué demonios hacía yo ahí—. Vamos a la habitación.

Paseé la mirada por la recepción de la consulta. A

diferencia de lo que me había imaginado —cuatro paredes blancas y sin ningún tipo de personalidad—, me encontré con unos colores cálidos que me daban la bienvenida. Había diplomas colgados con las titulaciones de Laura, pero también fotos de ella con otras personas. Alguna que otra planta interior que le daban —todavía más— una especie de hogar. No era lo que esperaba y, en cierta manera, me sentía más cómoda.

Cuando entré en su consulta, fue como entrar en una habitación llena de vida. Era su despacho. Estaba la típica mesa de escritorio con un ordenador de mesa, pero en las paredes se veían retratos de un niño y una niña —imaginé que sus hijos—, dibujos infantiles y más fotografías. En el escritorio descansaban más marcos, pero miraban hacia la silla de Laura y no podía ver qué había.

—Siéntate, por favor —me ofreció mientras señalaba una cafetera detrás de ella—. ¿Quieres un café?

—No, gracias —respondí—. He desayunado antes de venir.

Observé la tez pálida de Laura, quien llevaba el pelo recogido en una trenza. Su cabello era pelirrojo oscuro. No diría que tuviera la misma edad que Catalina —al fin y al cabo, me dijo que eran amigas—, ya que parecía un poco más joven. Se acercaba más a mi edad.

—Me comentaste en el mensaje que Catalina me había recomendado, ¿verdad? —preguntó, como si me estuviera leyendo la mente—. Es mi suegra, aunque también somos amigas. He tenido la suerte de que me aceptara como la mujer de su hijo único, así que nos llevamos de maravilla.

—Ella es mi médico de cabecera, ayer estuve en el ambulatorio —comenté—. Es una buena mujer.

—Imagino que, debido a tu visita, por eso te habló de mí. —Asentí—. ¿Quieres hablar del tema?

Laura era muy amable, no podía negarlo. Había empezado con buen pie a la hora de entablar conversación conmigo, incluso llegué a pensar que estaba ante una conocida en vez de una doctora. Aun así, una parte de mí desconfiaba de ella. Por eso decidí que, para acabar cuanto antes, lo mejor era decirle por qué estaba en su consulta.

—Mi perro falleció hace tres días.

—No sabes cuánto lo siento —dijo. Claro, ¿qué iba a decir si no?—. Sé cómo te sientes.

—Lo dudo mucho —respondí a la defensiva.

Laura me dedicó una sonrisa y le dio la vuelta a uno de los marcos del escritorio. En ella, Laura besaba la cabeza peluda de un border collie. El perro miraba a la cámara, con todo el hocico abierto y la lengua fuera.

Y una lágrima resbaló por mi mejilla.

Cody y yo teníamos miles de fotos juntos. Desde que entró en mi vida hasta la semana pasada. Algunas las tenía en álbumes —dieciséis años antes, los móviles todavía no tenían cámara ni una gran memoria—, pero muchas estaban en mi teléfono. Dormidos, corriendo, dando un paseo, un beso, un abrazo, una caricia. Miles y miles de imágenes que se quedarían grabadas hasta la eternidad, un gesto más de que nuestro amor era real.

—Ella es Chloe —dijo mientras giraba el marco de nuevo para mirarla—. Murió hace tres años. Era mi compañera, y a día de hoy lo sigue siendo.

—Pero si está muerta... ¿cómo es posible que lo siga siendo?

—Porque ella siempre estará conmigo. Que ya no esté en un plano físico, no significa que no esté aquí. —Se llevó una mano al corazón—. ¿Tienes una foto de tu peludito? Me encantaría verlo.

Saqué mi móvil del bolso con las manos temblorosas. No había visto ninguna imagen de Cody desde que murió. Se me hacía insoportable ser consciente de que ahora solo podría verlo a través de una pantalla. Yo no quería eso. Quería tocarlo, besarlo, abrazarlo. Sentirlo contra mí.

Busqué en la galería hasta dar con mi favorita. Estábamos en la montaña, pero nos sentamos en una roca cuando llevábamos más de dos horas caminando. Cody se sentó en mi regazo. Tenía la lengua fuera, y me miraba a mí. Con esos dos grandes ojos marrones llenos de vida. Y yo lo miraba a él con una sonrisa. Raúl aprovechó ese momento, en el que no nos dábamos cuenta de nuestro alrededor, para sacar una fotografía.

Cuando noté que las lágrimas querían asomarse, le ofrecí el teléfono para que lo viera.

—¡Menudo peluche! —exclamó—. Qué bonito es.

—Era... —la corregí mientras guardaba mi móvil.

—¿Era? —Enarcó una ceja—. ¿Ahora no es guapo?

—Ahora ya no está.

—Eso no importa, Andrea. Que él ya no esté entre nosotros, no cambia que es muy guapo, que tiene unos ojos preciosos, una cabellera rubia que ya les gustaría a muchos y una madre que lo ama con todo su corazón.

Bajé la mirada. Todo lo que decía era cierto, Cody siempre sería el perro más bonito del mundo. El mejor de todos. Pero me dolía no tenerlo a mi lado.

No era tan fácil como Laura pretendía pintarlo, por mucho que ella hubiera sufrido la pérdida de Chloe.

—Sé que mis palabras ahora no son lógicas para ti, y es normal —continuó, a pesar de mi silencio—. Te prometo que llegará un día en el que no te dolerá el pecho cuando lo recuerdes, que podrás mirar sus fotografías sin apartar la mirada y que te sentirás la mamá más afortunada por haber compartido tu vida con él.

—Pero... —tragué saliva— yo quiero continuar compartiéndola con él. Y eso no será posible, ¿no lo entiendes? Se ha muerto y nunca más volveré a verlo.

—Ahora mismo estás bloqueada, por eso no ves más allá. Solo han pasado tres días, es posible que continúes en estado de *shock*. Nuestra mente se bloquea cuando sufrimos un hecho traumático y parece que estamos en un limbo que no tiene fin. Y no es malo, al contrario, es positivo para ti. Significa que estás asimilando esta nueva forma de vivir, una vida sin Cody.

»Yo tuve que *eutanasiar* a Chloe cuando llegó el momento, ¿también fue tu caso? —Asentí—. Me sentía el ser más despreciable del mundo por darle ese final a mi querida compañera, pero, con el tiempo, me di cuenta de que fue el acto de amor más verdadero que existe. Tuve que mirar por ella, no por mí. Sabía que yo sufriría por no tenerla conmigo, pero ella habría sufrido mi egoísmo por retenerla en una vida que había llegado a su fin.

—A veces… —Me tapé el rostro con las manos en un desesperado deseo de que el dolor de cabeza desapareciera—. A veces me siento culpable por darle ese final. Yo quería… Bueno, en realidad, nunca me había planteado el día de su muerte. Pero, no sé, me habría gustado que muriera por la noche, mientras dormía plácidamente conmigo. Una muerte sin dolor.

—Los humanos y su estúpida manía de crear expectativas. —La miré perpleja—. No te lo tomes a mal, yo también las creé con Chloe. Sin embargo, cuando esas expectativas no se cumplen, ya que las *hemos mentalizado* de que así serían, nos sentimos peor. No son malas, está genial que las tengamos, pero también debemos aceptar que pueden o no pueden ocurrir. Cuando no lo aceptamos, es cuando más daño nos hacen. En este caso, te impide avanzar en el duelo.

—Entonces, todo esto que siento, ¿es normal?

—Lo que no sería normal es que no lo sintieras. Quieres a Cody por encima de todo, estoy segura. Yo también he estado en tu situación. Chloe es mi familia, mi hija.

En cuanto escuché a Laura hablar de Chloe como «su hija», rompí a llorar. Por primera vez, alguien entendía el sufrimiento que estaba pasando. Necesitaba que alguien me dijera, aunque fuera en otras palabras, «no estás sola». Estaba delante de una doctora, pero eso no importaba. Y deseé, con todas mis fuerzas, que aquella mujer del perrito enfermo se hubiera encontrado con alguien como Laura para ayudarla en el duelo.

Deseé que el duelo animal dejara de ser un duelo tan silenciado, un tema tabú en nuestra sociedad. Que pudiéramos hablar de nuestros animales como nuestros hijos, que ellos formaban parte de esa familia interespecie que habíamos creado.

—Ese llanto desolador... lo reconozco —dijo Laura, quien se había sentado a mi lado—. ¿Cuánto tiempo llevas sin llorar su muerte?

—Mucho —respondí mientras cogía un pañuelo que Laura me ofrecía—. Solo he llorado... ¿dos veces en tres días? No lo recuerdo bien.

—¿Y por qué te haces eso? Tienes que soltar el dolor. Llora, grita, patalea, destruye un cartel de Mr. Wonderful si te apetece. —Ambas nos echamos a reír—. Estar triste no es malo, llorar no es malo. Lo que nos ha inculcado la sociedad, eso de estar todo el día con una sonrisa y sin preocupaciones, no existe. Todo lo que guardas se incrusta en tu interior, y es posible que se convierta en alguna enfermedad mental.

»Tu marido o tu mujer —miró el anillo de casada en mi dedo—, ¿cómo lo está pasando?

—Él y yo no hemos hablado mucho desde... eso.

—¿Por qué no salís a cenar a algún restaurante que os guste mucho? Apóyate en él, explícale cómo te sientes y que él te explique cómo se siente. Tienes la suerte de no estar sola, de tener a alguien que busca lo mejor para ti. El dolor compartido es menos doloroso, se hace más llevadero.

»Como tu doctora, te recetaré esa cena con tu marido. Y en nuestra siguiente sesión me explicas cómo ha ido, ¿de acuerdo?

Capítulo 12

«No me importa si un animal es capaz de razonar.
Solo sé que es capaz de sufrir y, por ello,
lo considero mi prójimo»
Albert Schweitzer

En cuanto Raúl entró por la puerta principal de nuestro piso, todas las palabras que había ensayado durante la tarde se evaporaron. Estuve dándole vueltas sobre cómo proponerle una cena. Y, por primera vez en nuestra relación, tenía dudas sobre si me apetecía pasar tiempo con él. No sabía qué me estaba pasando con mi marido. Lo necesitaba, pero en otras ocasiones lo rechazaba. Quizá tendría que haberle comentado a Laura sobre este tema antes de *recetarme* una cita en pareja.

—Hola, amor —saludó en cuanto me vio en el sofá—. ¿Qué tal te ha ido el día? ¿Fuiste a ver a la terapeuta?

—Sí, eh… precisamente quería comentarte algo. —Raúl se sentó a mi lado y me besó en los labios—. Ella cree que deberíamos cenar y hablar sobre Cody. Todo lo que nos está afectando en nuestras vidas.

Era consciente de que no era la forma más romántica de pedirle una cita a mi marido, pero no sabía qué decir. Tenía que ser la propia Laura quien me lo sugiriera.

—Me parece una idea fantástica, amor. —Me dedicó una sonrisa—. ¿Me cambio en un momento y nos vamos? Y, si quieres, me explicas de qué habéis hablado.

En cierta manera, hablar de Cody era lo que necesitábamos. Si lo pensaba con detenimiento, en ningún momento le expliqué cómo me sentía. Él solo imaginaba que yo estaba mal, pero nada más. No escuchó con mis propias palabras lo perdida que me sentía ahora que Cody no estaba.

Raúl y yo caminábamos cogidos de la mano mientras él hablaba sin parar. No conseguía concentrarme en la conversación, mis pensamientos estaban en que —en mi mano libre— no estaba la correa de Cody. Siempre venía con nosotros cuando salíamos a comer o a cenar, ya que buscábamos restaurantes que admitieran animales.

Yo siempre iba con una mochila extra, donde guardaba

un comedero y un envase para el agua. Se lo colocaba debajo de la mesa, y él se quedaba ahí. No molestaba, solo a veces sacaba la cabeza en nuestra dirección para ver si le dábamos algún trozo de carne. O lo que fuera. Cody nunca tuvo problemas para comer, era una especie de aspirador. Sin embargo, los camareros terminaban enamorados de él y traían alguna que otra sobra.

Era muy fácil enamorarse de alguien como Cody.

Llegamos al restaurante y pedimos una mesa para dos en la terraza cuando una voz familiar sonó detrás de nosotros. Era un restaurante apartado de las calles centrales, donde solo se escuchaba el silencio y los susurros de los demás comensales. La parte de fuera estaba decorada con pequeñas bombillas que le daban un toque muy acogedor y romántico.

—Raúl, cariño, ¡cuánto tiempo! —exclamó su madre.

Ambos nos dimos media vuelta para encontrarnos con mis suegros, Pascual y Gala. No tenía nada en contra de ellos, pero era cierto que ellos no veían con buenos ojos que tratáramos a Cody como a uno más de la familia. No se consideraban abuelos, como lo hacían mis padres.

—Una mesa para cuatro en el interior, por favor —le dijo mi suegro al camarero que nos atendía—. Tendremos que aprovechar esta coincidencia.

Raúl y yo nos miramos a la vez, ambos sabíamos que no era la ocasión idónea para una reunión de cuatro. Necesitábamos sincerarnos el uno con el otro. No obstante, darle una negativa a mi suegro sería empezar una discusión que no nos llevaría a ningún lado.

—¿Hoy no habéis traído a ese chucho con vosotros? —preguntó Gala cuando nos acomodamos en la mesa.

—Ese *chucho* se llama Cody —contestó Raúl mientras me cogía de la mano por debajo de la mesa. Esa noche iba a necesitar mucha paciencia.

—Sabes que no recuerdo muy bien los nombres. —«Has tenido dieciséis años para recordar el nombre de tu nieto», pensé—. Andrea, tienes mala cara. ¿Te encuentras bien?

Miré a Raúl en busca de ayuda, no me encontraba con fuerzas para pronunciarlo en voz alta. Él me devolvió la mirada y dijo lo siguiente sin dejar de mirarme:

—Cody falleció el pasado martes. —Cerré los ojos, permitiendo que una lágrima cayera de mis ojos. Mi marido la atrapó antes de que sus padres se dieran cuenta—. No está siendo fácil para nosotros.

—Solo era un perro —zanjó Pascual—, os compráis otro y se acabó.

Odié que hablara de esa manera sobre el dolor que sentíamos. ¿No era capaz, tras ver mis lágrimas, cerrar la boca y ponerse en nuestro lugar? Respetaba a esas personas que no veían a los animales como un miembro de la familia, pero solo lo respetaba cuando no faltaban el respeto o hacían daño a alguien; ya fuera persona o animal. Y mi suegro, en ese momento, me clavó un puñal en el fondo de mi corazón.

Podía entender que él nunca tuvo un perro o un gato con el que conectara como si fuera su otra mitad y que, por ese motivo, no llegaba a comprender el alcance del vínculo que Cody, Raúl y yo teníamos. Una bofetada en toda la cara me habría dolido menos que ese comentario.

No, no «solo era un perro», era MI HIJO. No, no «os compráis otro y se acabó». El dolor no funciona así, no se supera por buscar un sustituto y esperar que todo sea igual que antes. La vida no es tan fácil.

—Señores, ¿sabéis qué vais a tomar? —preguntó el camarero.

—Una cerveza, por favor —respondí antes de que nadie más lo hiciera.

Mis suegros pidieron sus bebidas, y Raúl aprovechó para susurrarme en el oído:

—Amor, no creo que sea buena idea. —Era consciente a qué se refería, pero si tenía que soportar una velada con ese tipo de comentarios, necesitaba que el alcohol me difuminara la conciencia.

El resto de la velada fue, en resumidas cuentas, terrible. Mis suegros hacían comentarios como «Sentar la cabeza», «Tener hijos» y «¿De verdad has cogido la baja por ese *chucho*?». Perdí la cuenta de las cervezas consumidas a partir de la tercera. Quedar con mis suegros era agotador, pero siempre me mentalizaba días antes sobre todas esas preguntas que resultarían incómodas para cualquiera.

Mis suegros crecieron con la mentalidad de los hombres al trabajo y las mujeres en casa cuidando de los niños. Nosotros, en cambio, éramos todo lo contrario.

Ellos lo sabían, pero nos reprochaban que no les diéramos *verdaderos* nietos. Raúl y yo no queríamos hijos, era así de simple. Mis padres nos preguntaron en una ocasión y, cuando les explicamos que ese no era nuestro deseo, no volvieron a sacar el tema. Lo respetaron, como debería hacer cualquier padre.

Mis suegros nos llevaron a casa en coche. Suspiré de alivio en cuanto bajé del coche y pisé el suelo de mi calle. Me desprendí de esa sonrisa falsa que me había obligado a mantener durante toda la cena. Mi visión era doble, aunque no podía negar que me sentía más ligera. Como si esa carga emocional acumulada se hubiera esfumado.

En cuanto entramos en nuestro piso, Raúl me abrazó por la espalda y me besó en el hombro. Me apoyé sobre su cuerpo y sentí una calma que me hizo olvidar todo lo negativo que había vivido durante los últimos días.

Me di la vuelta para atrapar sus labios contra los míos. Quería fundirme con ellos y continuar en esa especie de paz momentánea. Olvidar ese rechazo hacia mi marido, a quien amaba con cada poro de mi piel. La lengua de Raúl buscó la mía con desesperación mientras me apretaba contra su cuerpo. El deseo que sentí en sus pantalones hizo que mis manos condujeran hasta la americana de su traje para quitársela.

—Quieta, amor. —Llevé mis manos hacia los botones de su camisa, pero las cogió entre las suyas—. Amor, no vamos a hacer nada.

—¿Por qué? —pregunté con lágrimas en los ojos—. Tú quieres y yo también, ¿qué hay de malo?

—Has bebido demasiado, no voy a aprovecharme de ti. —Me abrazó contra su pecho y me dio un beso en la frente—. Vamos a dormir, mañana será otro día.

Me aparté de él hecha una furia. Estaba tan mareada que me desestabilicé, pero Raúl me cogió de la cintura. Volví a apartarme, esa vez con más lentitud.

—¿Me estás rechazando? —grité—. ¡Necesito que me beses! ¡Que me ames! ¡Que me hagas el amor!

—No te estoy rechazando —dijo con un tono calmado—, pero no estás en condiciones.

—¿Que no estoy en...? —Dejé la pregunta sin terminar y me llevé las manos a la boca.

Una fuerte sacudida me invadió por todo el cuerpo. La poca comida que había ingerido y toda la cerveza que había bebido durante la cena subían a una velocidad que no pensé que controlaría cuando eché a correr hacia el baño.

Lo vomité todo. La cena, el alcohol, la frustración, la rabia, la tristeza. Mis emociones estaban a flor de piel. Cuando terminé de vaciarme, rompí a llorar una vez más. Laura me dijo que no me reprimiera; que, cuando necesitara expresarme, lo hiciera sin remordimientos. Me sentía confusa, perdida, desesperada. No encontraba ninguna emoción positiva entre todas las negativas. No la había.

Todas se habían marchado.

El alcohol no era la solución a mis problemas. Los olvidaba durante unas horas, pero no desaparecían. Tendría que haberle hecho caso a mi marido y negarme a beber. Sin embargo, me sentía tan desubicada, tan fuera de lugar, que solo encontré esa alternativa.

Cuando me apoyé en los fríos azulejos del baño, Raúl se sentó a mi lado y me quitó los restos de maquillaje y vómito con una toalla húmeda. Ahí estaba mi marido, quien, a pesar de haberle gritado, no me dejaba sola. No merecía que lo tratara de esa forma, no había hecho nada malo. Me seguía sorprendiendo que estuviera tan entero y firme, pero, en cierta manera, me reconfortaba. Era como si nos estuviera sosteniendo a los dos.

—¿Qué me está pasando? —pregunté—. No sé qué me pasa...

Cuando Raúl terminó de lavarme la cara, me aupó para que me sentara en su regazo. Apoyé la cabeza en su hombro y aspiré su colonia. Como si se tratara de una poción mágica, me tranquilicé y las voces de mi cabeza quedaron silenciadas. Mi respiración fue más estable y cerré los ojos.

—No te preocupes ahora por eso. —Me besó en el cabello—. Duerme, amor. Mañana te sentirás mejor.

Capítulo 13

«Alguna gente habla a los animales,
pero no muchos los escuchan.
Ese es el problema»
A. A. Milne

Al día siguiente no me sentí mejor, sino peor. En cuanto abrí los ojos, tuve que cerrarlos debido a los rayos de luz que se filtraban por las rendijas de la ventana. Me dolía la cabeza, como si tuviera a varios gnomos martilleando en su interior.

Recordé la noche anterior, aunque algunas imágenes eran difusas. Agradecí el autocontrol de Raúl, ya que —aunque me costara admitirlo— tenía razón. No me habría sentido bien conmigo misma si lo hubiera utilizado para aliviar un dolor con el que debía lidiar.

Raúl estaba a mi lado, dormido. Deseaba que no se despertara con el sonido de mi alarma. Estaba demasiado avergonzada por mi comportamiento de la noche anterior. No estaba preparada para encontrarme con su mirada y actuar como si nada hubiera pasado. Con cuidado de no despertarlo, me levanté de la cama y salí de nuestro dormitorio.

Estaba delante de la consulta de Laura. Me dijo que, si me apetecía, podía volver al día siguiente para hablar más a fondo sobre el duelo y las pautas a seguir. El día anterior fue más una presentación, una especie de *cita* para crear un vínculo que terapeuta y paciente necesitan para trabajar en armonía.

Laura me saludó en cuanto abrió la puerta, pero yo solté un gruñido y entré en la consulta sin ser invitada. Todavía me dolía la cabeza, ni siquiera me hacía efecto la pastilla que había tomado al levantarme.

—¿Un café? —preguntó Laura cuando me senté en la silla del día anterior.

—Doble, por favor —respondí. Encendió la cafetera y un sonido insoportable salió de ella mientras calentaba el agua. O el dolor de cabeza desaparecía o yo misma tiraría esa chatarra por la ventana—. ¿Qué le pasa a esa máquina?

—Necesita que la jubilen. —Se encogió de hombros

mientras ponía una taza en la máquina—. ¿Tan mal fue anoche con tu marido?

—¿Mal? —dije irónica—. Fue terrible.

—¿Quieres hablar de ello? —preguntó mientras dejaba la taza delante de mí.

—Para eso te pago, ¿no? —En el momento de soltar esa frase, me di cuenta de que estaba siendo muy injusta con ella—. Lo siento, yo... parece que ya no sé hablar como una persona normal.

—Por mí no te preocupes. —Levantó las manos en señal de rendición—. Estoy acostumbrada, soy una especie de saco de boxeo para mis clientes.

—¿Y eso no te molesta? —Le di un sorbo al café, si es que a *eso* se le podía llamar café. Pero no pensaba decirlo en voz alta, debía controlar mi lado destructivo.

—Es mi trabajo —respondió—. Si no conociera todo lo que pasa por sus cabezas, sería imposible ayudarlos. Así que cuéntame, ¿qué pasó anoche?

—Fuimos a nuestro restaurante favorito, pero nos encontramos con mis suegros. Ellos son... sé que son buenas personas, sin embargo, hicieron comentarios hirientes hacia Cody.

—Y tu solución fue emborracharte, ¿no?

—¿Cómo sabes que...? —Negué con la cabeza—. Sí, tengo una resaca que no la soporto. Como si no tuviera suficiente. Anoche pensé que sería una buena idea, hoy considero que fue un error.

—Entonces, ¿no pudiste hablar con tu marido?

—No, después estaba tan borracha que vomité todo el alcohol. —Un pinchazo me atravesó en la cabeza—. Joder, nunca tuve resaca cuando era universitaria.

—¿Bebías mucho en la universidad?

—Solo en las fiestas. Se me daba fatal hacer amigos, y el alcohol era lo único que me ayudaba a soltarme un poco. De hecho, así fue cómo conocí a Raúl. Qué triste, ¿verdad?

—Los humanos somos así. Utilizamos ciertos recursos para olvidar todo lo que creemos que está mal en nuestras vidas. Y digo *creer* porque, en realidad, no hay nada de malo en nosotros. No aceptabas que eras una persona introvertida, así que usabas la bebida para que esa timidez desapareciera.

—Visto de esa manera, puede que tengas razón.

—Y por ese motivo bebiste anoche. Pensaste: «¿Cómo puedo soportar una cena con unas personas que no aceptan mi relación con Cody?», «¿Cómo puedo soportar hablar de mi hijo sin derrumbarme?», «¿Cómo puedo soportar todo el dolor que llevo dentro?».

—Soy una persona horrible... —Me llevé las manos a la cara, no creía que pudiera estar más avergonzada que cuando me desperté por la mañana.

—Andrea, no eres horrible. Eres una persona que está viviendo un duelo que no sabe cómo gestionar, por eso estás aquí. Y eso es admirable, se necesita mucha fuerza de voluntad. Es común que la gente recurra al alcohol, a las drogas o cualquier mal hábito con tal de no afrontar el duelo. Pero tú, Andrea, estás aquí porque no quieres olvidar a Cody, sino mantenerlo contigo.

Escuchar el nombre de Cody hizo que toda esa máscara de indiferencia y sarcasmo se cayera contra el suelo y se rompiera en mil pedazos. Yo no quería que Cody, allá donde estuviera, viera en la persona que me había convertido tras su marcha.

—Te diré lo mismo que ayer: todo lo que estás sintiendo es normal. Cada duelo es único, nadie reacciona de la misma forma. Es un largo camino de aprendizaje, donde aprenderás que, aunque Cody no esté aquí físicamente, puedes seguir queriéndolo de la misma manera. Aprenderás a vivir sin él, pero también conocerás la fortaleza que alberga en tu interior. Te conocerás a ti misma, conocerás una parte de ti que no sabías que existía.

»La gente vive el duelo como si fuera el final, como si la vida le hubiera dado un castigo, pero nada de eso es cierto. No es el final si tú no quieres que lo sea. Aprender a vivir sin Cody, recordarlo sin llorar, no significa que lo hayas olvidado. El amor que Cody y tú sentíais nunca se irá, sino que permanecerá en tu corazón. Nadie muere del todo siempre que alguien lo recuerde.

Me quedé en silencio, asimilando cada palabra y cada frase. Todo sonaba demasiado sencillo, pero a la hora de la verdad no vislumbraba nada de lo que decía. Me seguía viendo a mí misma, dentro de unos meses, igual de deprimida que en la actualidad.

—Andrea, por favor, dime lo que sea que estés pensando —me animó al ver que yo guardaba silencio—. Estoy aquí para ayudarte, así que déjame hacerlo.

—Solo pensaba que... la vida no es tan fácil.

—En ningún momento he dicho que lo sea. A lo largo de nuestra vida, experimentamos diversos obstáculos que nos hacen el camino más difícil: un despido, una ruptura, una muerte. Los humanos tendemos a quedarnos solo con lo negativo, pero no pensamos en todo lo positivo que nos ha aportado ese trabajo, esa relación o esa persona. Y es lo más normal del mundo cuando acaba de suceder, pero, con el tiempo, ves las cosas con otra perspectiva.

—¿Vas a decirme la típica frase de «El tiempo lo cura todo»? —contraataqué—. Porque ya la conozco y, sinceramente, me parece una mierda.

—No, para nada, el tiempo *no* lo cura si tú no trabajas en aceptar lo que ha ocurrido. Es un trabajo interno que debemos llevar a cabo con dedicación y paciencia, ya que nunca nos han enseñado cómo hacerlo.

»Piensa en todo lo que te he dicho. Aprovecha que hoy es sábado para salir esta tarde con tu marido y hablad lo que no pudisteis anoche. Descansa mañana y el lunes nos vemos, te hablaré de las etapas del duelo.

Capítulo 14

«Los animales nacen como son, lo aceptan y eso es todo.
Viven con mayor paz que las personas»
Gregory Maguire

En cuanto entré por la puerta de casa, el dolor de cabeza se sumó al dolor en el pecho tras ver la correa de Cody en el recibidor. Era consciente, un día más, de que no aparecería lleno de alegría para darme la bienvenida. Incluso se comportaba de esa manera cuando bajaba a comprar el pan y apenas tardaba cinco minutos. Nunca sabré cómo abarcaba tanto amor y gratitud en un cuerpo tan pequeño como el suyo.

Me dolía pensar que nunca más escucharía sus ladridos, las pisadas de sus patitas por el suelo del parqué. Nunca más volvería a apoyarse en mis piernas, alzándose con sus cortas patitas, para estar más cerca de mí.

Me dolía que Cody ya no estuviera.

Cuando llegué al salón, Raúl estaba sentado en el sofá

con el portátil en el regazo. Estaba concentrado en la pantalla y llevaba los auriculares puestos, así que lo más seguro era que no se hubiera percatado de mi llegada.

—Hola —dije.

Raúl alzó la cabeza para mirarme y se quitó los auriculares.

—Amor, no te he escuchado entrar. —Apoyó el portátil en el sofá y se levantó—. ¿Dónde has ido? Me he despertado y no estabas en la cama.

—En la consulta de Laura. Como ayer fue una cita más introductora, quería que también nos viéramos hoy.

No sabía cómo actuar con él después de la noche anterior. No sabía si estaba enfadado, molesto u ofendido. Quería hablar, disculparme por mi comportamiento, pero estaba paralizada. Sin embargo, me estrechó entre sus brazos y apoyó la mejilla sobre mi cabeza.

—¿Cómo te están yendo las sesiones? —preguntó—. ¿Crees que te está ayudando?

—Sí. —Lo abracé más fuerte—. Sí, eso creo. Oye... —tragué saliva—, lo de anoche, yo...

Raúl se separó de mí y acogió mi rostro con las manos, acariciándome las mejillas. Sus ojos estaban brillantes, llenos de amor. ¿Por qué me costaba tanto mostrarle mis sentimientos? Nunca había tenido problema en hacerlo, pero parecía que todo se me hacía un mundo.

—De eso quería hablarte. —Cerré los ojos, estaba dispuesta a que me reprochara cómo le había tratado. Yo misma lo hacía—. Siento mucho lo de mis padres. Tendría que haberles dicho que no era el momento, pero... ya conoces a mi padre.

¿Por qué se disculpaba él cuando fui yo quien hizo algo peor? Le grité, le supliqué, le exigí, incluso quise utilizarlo para aliviar mi pena.

—Se portaron fatal con nosotros —continuó—, tendría que haber hecho algo al respecto. Supongo que me bloquee. Lo siento mucho, amor.

Mi marido siempre se mostraba comprensivo con su alrededor, sobre todo conmigo, pero en aquel momento me sorprendía. Él no debía disculparse, no hizo nada malo. Ambos sabíamos el poder que su padre ejercía en nosotros, sobre todo en Raúl, ya que era hijo único. Qué diferentes eran padre e hijo.

—No te preocupes, yo me comporté peor.

—No habrías recurrido al alcohol si no fuera por sus comentarios. Es culpa mía, tendría que haberlo evitado.

—No es culpa tuya —llevé mis manos hasta las suyas, que continuaban en mis mejillas—, pero sí fue culpa mía exigirte algo cuando no debía.

—Eso no me preocupa —sonrió y acarició su nariz con la mía—, nunca has sabido resistirte a mis encantos.

Negué con la cabeza y me acerqué hasta sus labios para besarlo. Por primera vez en esa semana, sentí que sonreía de nuevo. Que sonreía de verdad, con el corazón. Aunque, nada más experimentar esa sensación positiva, todo volvió a caer bajo mis pies. ¿Cómo me permitía sonreír cuando Cody se había marchado? ¿No debería llorar que ya no estaba?, ¿que nunca más volvería? ¿Por qué me permitía sentir una felicidad que no existía?

—¿Te apetece plan de tarde con película, manta y sofá? —propuso.

Raúl se separó de mí y limpió las lágrimas que, sin yo darme cuenta, caían por mis mejillas. Él no sabía que esas lágrimas eran por una nueva ira que había nacido, pero en esa ocasión sobre mí.

—Me encantaría —mentí—, voy a preparar la comida.

〰️

A pesar de que Raúl eligió una de mis películas de comedia favoritas —*Dos rubias de pelo en pecho*—, no emití ni una sola carcajada. Ni siquiera una triste sonrisa. Nada. Era como si, esas pequeñas cosas que me hacían disfrutar, ya no fueran suficientes.

No ayudó el hecho de que Cody no estuviera acurrucado entre ambos, ya que aprovechaba esas tardes de sofá y película para dormir. La tranquilidad de que estaba en su hogar, en nuestro hogar, y que jamás dejaría que nada malo le pasara. Como él siempre hacía conmigo.

Nada más terminar la película, le dije a Raúl que no me encontraba bien y me fui a la cama. Mi marido apareció dos horas más tarde, aunque yo todavía no había conseguido cerrar los ojos. Me dejó apoyar la cabeza en su pecho, en mi sitio favorito, pero ni aun así era capaz de dormir.

La culpabilidad de aquella sonrisa, tras besar a mi marido, no me abandonaba. Y dudaba de que en alguna ocasión tuviera una tregua. Me sentía la persona más miserable del planeta por sonreír, por permitirme olvidar durante una milésima de segundo que mi hijo ya no continuaba conmigo.

Cuando me cansé de estar en la cama, me levanté para hacer algo de provecho con mi vida. Como, por ejemplo, la colada. Solía dedicar los domingos para hacerla, pero el fin de semana anterior no pude. No quise separarme de

Cody ni un instante por si me necesitaba, aunque él no hiciera más que dormir.

Cuando Cody era un cachorro, era extremadamente sigiloso. De hecho, no me daba cuenta de que desabrochaba los cordones de mis zapatillas y me levantaba de la silla como si nada. Y sí, admito que —alguna que otra vez— me tropecé con los cordones y caí al suelo.

Julián me dijo que era su forma de demostrar que me quería. Él no desataba mis cordones con la intención de hacerme caer, sino porque disfrutaba jugando con ellos. De hecho, si le compraba unos cordones exclusivamente para él, los ignoraba e iba a por mis zapatillas.

A día de hoy, todavía no me explico cómo —con sus cortitas patitas— conseguía abrir el cajón de mi ropa interior y sacar mis braguitas. Las destrozó todas, igual que los calcetines. Y, aun así, cuando lo descubrí, me dedicó un buen aleteo de cola para darme la bienvenida a casa después de un día fuera. Era imposible enfadarme con él si me miraba con esa carita.

Y justo en ese momento, delante de la lavadora, volví a romperme. ¿A quién pretendía engañar? No era capaz de poner una triste colada. ¿Cómo era capaz de actuar como si nada? ¿Cómo era capaz de seguir adelante cuando Cody no estaba? ¿Cómo era capaz de intentar poner una lavadora? Ni siquiera las tareas domésticas, esas que haces como una simple rutina, me permitían desconectar.

—Amor mío. —Raúl apareció detrás de mí, con el pelo alborotado y los ojos medio cerrados. No dijo nada, solo me abrazó y yo estallé en un llanto desesperado. Me aferré a sus brazos con la intención de no caer todavía más en ese vacío que me consumía—. ¿Has dormido algo?

Negué con la cabeza. Raúl, sin dejar de abrazarme, me llevó hasta el salón para que me sentara en el sofá. Se sentó en cuclillas delante de mí y cogió mis manos entre las suyas.

—Te prepararé una infusión, te ayudará a dormir.

Apreté sus manos con fuerza y volví a negar con la cabeza.

—No puedo —sollocé—, tengo que poner la lavadora.

—Yo me ocupo, amor. —Se levantó y me dio un beso en la frente—. Quédate aquí e intenta relajarte.

Sus palabras, lejos de reconformarme, hicieron que mi ira interior renaciera de nuevo. Me odiaba a mí misma por sonreír, por respirar en esos días que Cody ya no estaba. Odiaba a Raúl por seguir actuando con tanta frialdad, por no demostrar ni una pizca de tristeza tras ver en lo que se habían convertido nuestros días. ¿Por qué él sí podía trabajar? ¿Por qué él sí podía sonreír? ¿Por qué él seguía adelante?

Y también odié a Laura por hacerme creer que volvería a ser feliz tras la marcha de Cody. La odié por todas esas estúpidas palabras positivas que no me llevarían a ninguna parte. Y odié al mundo por el castigo al que me estaba sometiendo, por hacerme experimentar la pérdida de mi hijo. Odié al mundo por abandonarme en ese pozo lleno de oscuridad del que nadie —ni siquiera Laura— conseguiría sacarme.

Capítulo 15

«Los perros son a menudo más felices que los humanos,
simplemente porque las cosas más simples
son las cosas más grandes para ellos»
Mehmet Murat Ildan

Una vez más, me encontraba delante de la consulta de Laura. Iba con la idea fija de suspender nuestras sesiones, estaba claro que no me estaban ayudando. Fui una ilusa al pensar que tratar con una profesional conseguiría que el dolor por la pérdida de Cody se hiciera más llevadera. Sin embargo, era todo lo contrario. Cada día dolía más, cada día se hacía más insoportable, cada día quería acabar con todo y con todos; incluso conmigo misma.

No toqué al timbre. No quería entrar, y pensé en la posibilidad de marcharme sin avisar a Laura de que ese día se acabarían nuestras sesiones. Pero Laura —como si me hubiera escuchado gritar desde mi interior— apareció en recepción y me dedicó una sonrisa. Abrió la puerta.

—Buenos días, Andrea —saludó—. ¿Vamos dentro?

—No —contesté—, se acabaron las sesiones. Solo venía a decírtelo.

Su sonrisa desapareció y me alegré por ello. No sabía si eso me convertía en mala persona o no, pero estaba cansada de que la gente actuara como si todo tuviera solución. La muerte *no* tenía solución.

—¿Qué ha pasado? —preguntó—. ¿Por qué no vamos dentro y me lo explicas?

—No voy a caer en esa trampa otra vez —alcé la voz—. No sé si estoy siendo víctima de una estafa o qué coño sé, pero pretendes que venga aquí como si yo pudiera rehacer mi vida. ¡No puedo!, ¿lo entiendes? ¡No puedo!

—Claro que puedes, Andrea —dijo en tomo calmado, y la odié por ello. Odié que no me contestara de la misma forma que yo, que no me reprochara que estuviera montando un espectáculo en la puerta de su consulta—. Lo que sientes es...

—Como vuelvas a decir *normal*, me largo de aquí —la interrumpí—. Mi hijo está muerto. Me quedo dormida entre lágrimas y me despierto sin ganas de levantarme de la cama. Y siento mucha impotencia al darme cuenta de que no puedo cambiarlo. No puedo, ¿y sabes por qué? Porque yo también morí en el momento en que él lo hizo. Y nadie, ni siquiera tú, me hará comprender que eso es lo *normal*.

Sin darme cuenta, había gritado todo lo que sentía entre lágrimas. La cruda realidad me recordaba que Cody ya no estaba, que nunca más volvería a verlo, que nunca más volvería a escuchar sus ladridos, que nunca más volvería a observar esos ojitos de corderito que ponía cuando quería pasear. La palabra «nunca» siempre estaría presente en mi vida hasta el día de mi muerte. Y me dolía... me dolía saber que nunca habría nuevos momentos, nuevos paseos, nuevos juegos. Nunca habría nada. *Nunca.*

—Es posible que nunca seas la misma persona que cuando Cody vivía, igual que tampoco eras la misma antes de él. Y eso no es malo. La vida nos obliga a cambiar de forma constante para adaptarnos a las circunstancias. Y tú, aunque no quieras verlo, te estás adaptando a esta nueva realidad sin Cody. Pero te resulta tan dolorosa que no quieres aceptarla.

No quería admitirlo, pero escuchar a Laura era como hablar con la parte de mi cerebro que había cerrado bajo llave. Todo tenía su lógica, todo tenía un porqué. Todavía continuábamos delante de su consulta, una enfrente de la otra, y sentía que mis lágrimas se habían secado. Hablar con Laura era liberador.

—¿Te gustaría que Cody estuviera triste si tú hubieras muerto antes que él? —cuestionó—. No hace falta que me respondas, ya conozco la respuesta. Y es «no». Tú no querrías que él estuviera triste. Querrías que te recordara y se pusiera a ladrar de alegría, que estuviera contento, que continuara siendo un ser inocente y dulce. Querrías lo mejor para él, incluso aunque tú no estuvieras, porque es lo que más quieres en este mundo.

»Si estoy en lo cierto, por favor, vamos dentro y continuemos con nuestras sesiones. Es norm... —paró un segundo y carraspeó—, es lógico que pienses que esto no te está ayudando, pero el dolor por la pérdida no desaparece por arte de magia.

Laura tenía razón. Si yo hubiera muerto antes que Cody, habría deseado que continuara siendo feliz. Que hubiera apoyado a Raúl en todo momento, que ambos aprendieran a vivir sin mí. Que la vida continuaba, aunque pareciera mentira.

Tenía dos opciones: dar media vuelta, volver a casa y meterme en la cama hasta que las voces de mi cabeza se callaran, aunque dudaba que en alguna ocasión ocurriera eso. O entrar en la consulta de Laura —que ya era casi como una segunda casa— y hablar sobre el duelo... pero, sobre todo, hablar de Cody y de cómo me había enseñado a apreciar la vida, a la que ahora me dedicaba a menospreciar y a humillar en cuanto tenía ocasión.

No me gustaba esa nueva versión de mí, una que era demasiado desconsiderada con todos, que desatendía y odiaba a su marido. Que pensara en que mi dolor era solo mío y que nadie más podía ayudarme.

Miré a Laura, quien me observaba con mirada suplicante, y entré en su consulta. Era posible que no volviera a ser la misma que antes, pero al menos me gustaría recuperar esa parte que Cody me había enseñado.

—Hoy quiero hablarte sobre las distintas fases del duelo —dijo en cuanto nos acomodamos en la sala— y, por si no las conoces, te diré que estás en la etapa de ira. Antes de empezar, quiero decirte algo: parece que el dolor siempre se quedará contigo, pero no es así. Es un acompañante momentáneo. Unos días estarás bien, y otros querrás acabar con todo. Pero eso no significa que será tu eterno aliado, solo está aquí para enseñarte que existe luz al final del camino. El dolor que sientes tiene fecha de caducidad.

—¿Lo dices en serio? —pregunté desesperada—. ¿De verdad se acabará todo lo horrible que siento? A veces no sé ni quién soy... Me he convertido en la persona que jamás pensé que sería.

—Porque el dolor te nubla el juicio. —Se levantó de su asiento y se sentó a mi lado—. El dolor nos ciega y no somos conscientes de lo que ocurre a nuestro alrededor. Sinceramente, no pareces una persona que monte una escena en mitad de la calle.

—Yo... lo siento. No sé qué me ha pasado, solo... he dejado que la desesperación hablara por mí, pero nada de lo que he dicho es verdad. —La miré a los ojos—. No creo que estas sesiones sean una estafa.

—Me alegra saberlo. —Se quitó una gota invisible de la frente y resopló—. De lo contrario tendría que darles muchas explicaciones a mis pacientes.

—¿Cómo lo haces? —pregunté—. Bromear... ser feliz sin Chloe en tu vida.

—Al principio fue duro —respondió—. Como he dicho, el dolor es una faceta que debemos vivir para aceptar que su cuerpo se ha ido. Pero ¿sabes lo que nunca se irá? El amor que siento por ella. Recuerdo todas esas tardes de paseos interminables, de revolcarnos en la hierba durante un día de lluvia, de vivir cada minuto como si fuera el último de nuestras vidas. Me quedé con las experiencias bonitas, con sus enseñanzas y de lo feliz que fuimos juntas. —Me cogió de las manos—. Tú también lo harás.

Imaginé que llegaba ese día, en el que sonreiría por cada excursión vivida con Cody, en todas las travesuras que provocaba solo para hacerme sonreír, en que mi piel se erizaba al recordar cómo nos mirábamos y sentíamos que estábamos en el lugar correcto. No importaba el dónde o el cómo, solo que estábamos juntos.

—No quiero que la conversación se haga muy pesada —continuó—, así que intentaré resumir las cinco etapas del duelo. No son lineales, es decir, un día estarás en una, al siguiente en otra y puede que otro día vuelvas al inicio. Cada persona funciona de manera diferente, cada duelo es único, así que no te agobies.

»Primero está la *etapa de la negación*. La negación es una tirita que tapa la herida. Crees que ya no duele porque, como está tapada, ni sientes ni padeces. Sin embargo, pronto te das cuenta de que duele. La persona vive un estado de *shock*, no comprende qué ha pasado o no lo acepta. Es un mecanismo de defensa que nuestra mente nos envía para que la noticia nos impacte lo menos posible y podamos gestionar el dolor de forma más lenta.

»Dime, Andrea, ¿te has sentido identificada?

—Hace unos días, llegué a casa pensando que Cody seguía vivo. Como si nada hubiera pasado. No sé qué me pasó, pero no escuché sus ladridos desde el portal y pensé en lo peor. Y, bueno, cuando abrí la puerta de casa... ya imaginarás cómo me sentó descubrir que solo era una ilusión. —Reflexioné unos segundos—. ¿Eso es la *etapa de la negación*?

—Sí, aunque si tenemos en cuenta lo que ha pasado ahí fuera, estás en otra diferente —respondió—: la *etapa de la ira*. Como el estado de *shock* ha desaparecido y somos conscientes de que nuestro peludo ha fallecido, soltamos todo lo que hemos retenido durante la primera fase. Nos damos cuenta de que ya no hay marcha atrás, que de verdad ha fallecido y no podemos hacer nada por evitarlo. Nos culpamos a nosotros mismos; o quizá a algún veterinario, algún familiar, algún amigo. A quien sea. Puede que no tengan culpa de nada, pero proyectamos esa ira para ignorar la desolación y el dolor por la pérdida. Yo siempre recomiendo expresarlo y no guardar nada, pues puede destruir hasta a la persona más sensata.

—Así que... ¿yo me encuentro ahora en esa fase? —pregunté—. Siento mucha ira interior, incluso llegué a pensar que el culpable fue el veterinario de Cody.

—Es normal buscar culpables en esta situación, incluso sabiendo que no han hecho nada malo. Tu hijo era mayor, tenía dieciséis años. Y, aunque nos cuesta admitirlo, la muerte llega para todos. —Guardó silencio durante un minuto—. Aparte del veterinario y de tu psicóloga, ¿has descargado tu ira con alguien más?

—Con mi marido. —Cerré los ojos, dolida por cómo lo trataba desde que empezó todo—. Él siempre está ahí, pero... parece que la muerte de Cody no le ha afectado, y eso me duele. Los tres formábamos una familia.

—Quizá él está llevando otro tipo de duelo. Como he dicho anteriormente, cada persona lo vive de una manera diferente. Que parezca indiferente no quiere decir que no esté sufriendo.

—Pero ¿por qué no habla conmigo? —pregunté—. No sé qué nos pasa, es como si no lo conociera. Nunca me había pasado nada similar con él.

—¿Por qué no le dices que venga en la siguiente sesión? —sugirió—. El dolor compartido es una gran ayuda en el proceso del duelo. Quizá simplemente no sabéis cómo tratar el tema, así que yo podría daros un empujón.

No lo dije en voz alta, pero asentí con la cabeza. No sabía si Raúl accedería a visitarse con mi terapeuta, aunque necesitábamos que alguien derribara ese muro invisible que había entre nosotros. No quería perder a Raúl, no quería que la ira que sentía hacia él se hiciera tan grande que al final tomara la decisión de abandonar nuestro matrimonio.

—Pasamos a la siguiente: la *etapa de la negociación*. Suele ser la más breve, donde la persona viaja al pasado y busca una solución para arreglar el presente. Es una realidad paralela que nos hace daño, pero como he mencionado antes, debemos expresarla. No debemos dejar nada en la cabeza. Estamos viviendo un duelo que no nos deja avanzar y necesitamos encontrar el camino a la salida.

—Yo... —la interrumpí— tuve un fugaz pensamiento de que quizá el veterinario de Cody se había equivocado al leer los resultados de las analíticas y que dormirlo fue un error. —Resoplé—. Pero, si lo pienso con perspectiva, Julián ha cuidado a Cody desde que era un cachorro y siempre se ha portado muy bien con él.

—Nuestra mente busca la forma de que el impacto por la pérdida sea menos doloroso, por eso diseña posibles escenarios y los «¿y si...?». —Cogió una botella de agua de su escritorio y le dio un trago—. Un día estás en la negociación, otra en la ira, al siguiente en la negociación e incluso puedes volver a la negación. Las etapas del duelo no son lineales, algunas personas ni siquiera las experimentan todas.

»Sigamos: la *etapa de la depresión*. No tiene nada que ver con un problema de salud mental, así que no debes preocuparte. Es una etapa donde empiezas a aceptar que se ha ido y las emociones negativas se juntan. La tristeza es normal cuando has perdido a un ser querido, pero debemos recordar que es temporal. Es la etapa más dura, pero también la que te libera para pasar a la siguiente fase.

»Y, por último, *la etapa de la aceptación:* Es la más liberadora, ya que has aceptado la pérdida y, con el tiempo, aparecen las ganas de volver a levantarte. Te sientes bien, fcliz. Es posible que sigas llorando a tu hijo, pero el dolor ya no estará ahí. El dolor se transforma en amor, en gratitud y en un nuevo camino. Aprendes a vivir sin él, pero también aprendes que el amor continúa ahí.

Cuando Laura terminó de hablar, sentí que de verdad existía una salida. No sería fácil, pero si ella estaba en lo cierto, significaba que estaba viviendo un duelo. Todos esos pensamientos, en los que creía que jamás volvería a ser feliz y que estaría amargada de por vida, se fueron difumando de mi cabeza.

Traté de memorizar toda esa información, aunque estaba segura de que Laura me las recordaría en nuestras siguientes sesiones. Por primera vez, quería trabajar en mejorar, en aprender a gestionar ese dolor y liberarlo de alguna forma para que Cody estuviera orgulloso de mí.

—Estás avanzando, Andrea —dijo Laura tras ver que no diría nada—. Me alegra saber que has expulsado toda esa ira contra mí, significa que estás viviendo un duelo sano.

—Bueno, no creo que *sano* sea la palabra más adecuada después de todo lo que te he gritado...

—No eras tú quien hablaba, sino el dolor —argumentó—. Aunque pienses que no sirve nada, necesitas expresarte. Sacar todo lo que llevas dentro, sea bueno o malo. Solo así conseguirás seguir adelante.

Capítulo 16

«La gratitud es una "enfermedad" de los animales
que no es transmisible al ser humano»
Antoine Bernheim

Cuando salí de la consulta, me sentía extraña. Por una parte, el dolor continuaba conmigo. Se cumplía una semana desde que Cody se marchó. Aunque solo habían pasado siete insignificantes días, daba la sensación de que todo sucedió semanas atrás. El tiempo se volvió más lento. Pero, por otra parte, las palabras de Laura me reconfortaron. Verla tan segura de sí misma, bromeando y sonriendo, a pesar de la pérdida de Chloe, me daba una pizca de esperanza en que esa mezcla de sentimientos negativos desaparecería. Solo necesitaba mucha paciencia conmigo misma —que se dice pronto— y trabajo interior.

No tenía nada que hacer durante el resto del día. Al fin y al cabo, continuaba de baja. Todavía quedaba otra semana para volver a la consulta de Catalina y explicarle mis *avances*. Laura insistía en que estaba avanzando, pero yo no lo sentía como tal. Me sentía... No sé cómo me sentía, pero no creía que lo estuviera haciendo.

Caminé hasta las oficinas donde Raúl trabajaba. La sesión con Laura me había hecho reflexionar, y pensé en todas las veces en las que me encaré contra mi marido. Quizá esperaba que él contraatacara y ambos nos viéramos sumergidos en una discusión para aliviar cómo nos sentíamos. Pero él siempre guardaba silencio, se mostraba paciente y comprensivo. Podría reprochármelo, sin embargo, nunca lo hacía. Y ahora me sentía muy culpable por hacerle daño.

Me senté en un banco que había justo delante de las oficinas y esperé hasta la hora de comer. Alguna que otra vez, sobre todo cuando nuestros horarios se coordinaban, comíamos juntos en un punto medio de ambas oficinas. Eché de menos a esa Andrea, quien se sonrojaba cuando lo veía desde la lejanía. Llevábamos quince años a nuestras espaldas, pero, aun así, mi lado romántico se veía ilusionado por esas *citas*. A pesar de los años, mi corazón seguía latiendo con fuerza cada vez que su mirada conectaba con la mía.

Me dolía ser consciente de que esa Andrea había desaparecido con Raúl. La última semana no había sido más que reproches, malas palabras, rechazos y una larga lista que nadie merecía por parte de su pareja.

—¿Amor? —Levanté la mirada y me encontré con los ojos de Raúl—. ¿Qué haces aquí? ¿Te encuentras bien? —Se sentó a mi lado—. ¿Ha pasado algo?

Estaba preocupado, podía verlo en su mirada y en sus expresiones. No sabía cómo expresar con palabras cuánto lo sentía. Me acerqué a él y lo besé como si fuera la primera vez. Pero también con todo el dolor de mi corazón al pensar que podría vivir sin él. Éramos dos personas que se amaban, que se respetaban y que se admiraban. Estábamos hechos el uno para el otro, sin embargo, ese muro continuaba entre nosotros.

Lo besé pidiéndole disculpas por la última semana, lo besé disculpándome por los días duros que todavía vendrían. Lo besé para suplicarle que no se marchara de mi lado por muy duro que fuera el camino. Cody se había ido y no quería perder la otra mitad que mi corazón todavía conservaba, aunque estuviera llena de heridas.

—Estoy bien —respondí cuando me separé de él—. Bueno, en realidad, no. Pero lo estaré. O eso quiero creer.

—Lo estarás, te lo prometo. —Apoyó su frente contra la mía—. Te quiero, amor. Daría todo lo que soy para liberarte de lo que sientes.

Laura me había pedido que fuera sincera, que me expresara tal cual me sentía. Y se lo debía a Raúl, sobre todo a él, que continuaba a mi lado cuando ni siquiera yo misma me soportaba.

—Yo también te quiero. —Apoyé mis manos sobre sus mejillas para que me mirara a los ojos—. Sé que no están siendo días fáciles por mi culpa, pero no quiero que lo olvides.

—No digas eso, amor, no es culpa tuya —susurró—. Es imposible estar al cien por cien todo el tiempo, pero nos tenemos el uno al otro. Cuando uno cae, el otro está ahí para sujetarlo.

Seguía sin comprender cómo mantenía esa fuerza y esa firmeza a la hora de hablar, como si él no estuviera viviendo lo mismo que yo tras la pérdida de nuestro hijo. Pero recordé las palabras de Laura: «Quizá él está llevando otro tipo de duelo. [...] Cada persona lo vive de una manera diferente. Que parezca indiferente no quiere decir que no esté sufriendo».

—Amor, me encanta que hayas venido a verme, pero me muero de hambre y tengo que volver al trabajo. —Ambos nos levantamos del banco—. ¿Te apetece comer conmigo?

—¿Me estás pidiendo una cita? —Sonreí—. ¿No crees que vamos demasiado rápido? Ni siquiera sabes mi nombre.

Raúl frunció el ceño, aunque yo también me sorprendí por bromear cuando lo único que me apetecía era huir de todo. Sin embargo, quería dejar de sentirme prisionera de mis pensamientos destructivos. Quería relajarme y olvidar durante un rato que todo estaba mal en mi vida. Y, sobre todo, quería forzarme a comprobar que no pasaba nada por sonreír cuando el corazón dolía.

—Andrea —dijo con voz rasgada—, ¿quieres que tengamos citas durante el resto de nuestras vidas?

—Qué tonto eres —dije entre risas, mientras Raúl me cogía por la cintura y me conducía a algún restaurante cercano—. Por cierto, Laura me ha preguntado si podrías venir a la siguiente sesión.

—¿Por qué? —preguntó.

—Quiere hablar con los dos para ver cómo estamos gestionando la muerte de Cody.

Una parte de mí, tenía miedo de que mi marido rechazara asistir a la consulta de mi psicóloga. Era posible que estuviera eludiendo los problemas a los que nos estábamos enfrentando. Sin embargo, ninguno de los dos éramos capaces de hablar del tema. Y eso nos estaba consumiendo como matrimonio.

—Me parece bien —contestó—. Cogeré unas horas libres en el trabajo, no creo que haya inconveniente.

Pero, la otra parte, por mucho que me doliera admitirlo, deseaba que rechazara la invitación. Si Raúl asistía tendría que ser sincera con él, decirle el daño que me causaba que se mostrara tan estable tras la muerte de Cody. Tendría que admitir sentimientos y emociones que nunca había experimentado en los quince años que llevábamos juntos.

Capítulo 17

«Ella me dedica esa mirada dulce que siempre tiene.
Pero ahora está demasiado débil. Está lista.
Nosotros no. Pero esta mierda tiene que suceder
porque la amamos demasiado como para dejarla sufrir»
Brenda Gough, veterinaria

No había vuelto a saber nada de Julián desde que le dimos el último adiós a Cody. Lo tenía en mis pensamientos, ya que la mayoría de los negativos iban dirigidos a él. Me sentía culpable por ello. No había hecho nada malo. Durante los dieciséis años que trató a Cody, siempre se mostró positivo y alegre con mi peludo. Lo ayudó cuando se ponía enfermo, incluso cuando yo me ponía pesada porque me daba la sensación de que no mejoraba. Julián mantenía la calma por los dos, me ayudaba a mí cuando ni siquiera tenía porqué.

Y yo, en cambio, me había dedicado la última semana a menospreciar su trabajo. Su pasión, que, sin duda, eran los animales. Vivía por y para ellos. Yo no estaba siendo justa con él, no merecía que se quedara con la última imagen de mí —sin apenas mirarlo— cuando me despedí. No era mi amigo, pero al menos debía ser agradecida por todos esos años.

Aunque a mi yo interior le pareciera una auténtica locura, estaba delante de la clínica veterinaria de Julián. Quería hablar con él, despedirme como era debido. Cerrar una etapa que, aunque yo no quisiera, debía hacerlo.

En cuanto entré en la consulta, el olor familiar me envolvió por completo. Era un lugar donde acudía cuando Cody tenía que renovar vacunas, cuando le tocaba el chequeo anual, cuando pedía cita si encontraba algún comportamiento extraño en él. Era el lugar donde, sin duda, habían salvado a Cody.

—Buenos días, Andrea —saludó Elisabeth, la recepcionista—. ¿En qué puedo ayudarte?

—Me gustaría hablar con Julián —respondí—, ¿está ocupado?

—Está libre hasta dentro de treinta minutos, dame un segundo. —Levantó el teléfono y marcó una tecla—. Señor Valdés, preguntan por usted en recepción. —Colgó—. Ahora mismo viene.

—Gracias.

Paseé la mirada por la consulta, reconociendo los

diferentes productos de alimentación —además de complementos— para perros y gatos. Había perdido la cuenta de cuántos collares compré para Cody, pues a él le encantaba que le pusiera cualquier accesorio que quedara perfecto en su cuello peludo. Era un presumido de las patas a la cabeza.

Me quedé paralizada en el momento que vi una fotografía de Cody. Estaba pegada en la pared, detrás del mostrador. Aunque era una imagen pequeña, lo reconocí al instante. Me acerqué para verla mejor y reconocí el día en que la tomaron. Fue en una de sus muchas visitas a la peluquería canina. Estaba recién lavado y peinado, y lucía una sonrisa muy característica en él. La gente solía decirme que un perro no sonreía, pero os aseguro que sí lo hacen. Si nos paramos a observar sus facciones, podemos conocer muchas cosas de nuestros hijos.

Acaricié la fotografía con una mano, cerrando los ojos, y llevé la otra hasta el corazón. Si Cody estaba ahí, en el veterinario, o donde fuera, quería que supiera que lo guardaría para siempre en mi corazón. Ese órgano que latía con tristeza desde su último adiós, desde que supe que tenía que marcharse.

—Espero que no te importe que la hayamos puesto —dijo Julián—, es el mural para homenajear a los que ya no están.

Abrí los ojos y paseé la mirada en todas las fotos que habían pegadas en la pared. Gatos y perros la decoraban por completo. Nunca me había percatado de la cantidad de animales que la adornaban. Siempre pasó desapercibida para mí.

—Creía que eran tus animales —respondí.

—Vivo en un piso pequeño, ¿dónde metería a tanto bicho? —Sonrió—. Me alegra que hayas venido, ¿vamos a mi despacho?

Asentí con la cabeza y fui detrás de Julián mientras observaba el pasillo, el último sitio donde estuve con Cody. Tenía imágenes borrosas de ese momento, pero si me concentraba lo suficiente, podía verlas con detenimiento. Era una persona que caminaba porque tenía que hacerlo, lo dejé en una camilla porque tenía que hacerlo. Y me despedí de él... porque también tenía que hacerlo.

—¿Cómo estás? —preguntó Julián en cuanto entramos en el despacho—. Todavía no me han llegado las... ya sabes, las cenizas. Pensaba avisar a Raúl, no sabía si querrías verme.

El despacho de Julián se parecía más al de Laura, un lugar cálido con imágenes de animales —sus perros, deduje— y algún que otro dibujo infantil. El que más me llamó la atención fue un dibujo de Julián con una capa roja y un gato negro entre las manos. En letras, apenas legibles, se leía «Mi héroe favorito».

—Me lo regaló una niña en la segunda visita de su gato —dijo tras darse cuenta de que miraba el dibujo—. Siempre que viene me dice que soy el único capaz de salvar a los animales. —Negó con la cabeza mientras sonreía—. La inocencia de esa niña me viene a la cabeza cuando pienso en lo negativo de este trabajo.

—Bueno, técnicamente, salvas a los animales —añadí—. No el único, pero sí uno de ellos.

—Sí, lo sé... —resopló mientras se recostaba en su asiento—, pero a veces no es fácil. Hay gente que piensa que yo tengo la solución para todo, que incluso puedo evitar a la muerte. Y cuando les digo que no es posible... su mirada me destroza.

—Por eso quería venir a verte, no quería que la última imagen que tuvieras de mí fuera la de una persona destrozada que odia al mundo, incluyéndote a ti.

—Odiar al veterinario es mi pan de cada día —se echó a reír—, no tienes de qué preocuparte.

—Odiar al mundo es más fácil que aceptar que Cody se ha ido. Estoy trabajando en ello, pero solo quería darte las gracias.

Tragué saliva. Se me había formado un nudo en la garganta y no quería echarme a llorar mientras hablaba con él. Tenía que expresarme, lo sabía, pero antes necesitaba relajarme para decirle todo lo que sentía.

—Sé que no es fácil tomar la decisión de dormir a un animal —habló Julián antes de que yo me recompusiera—, pero *hacerlo* tampoco es fácil para mí. Los animales son mi prioridad, y te aseguro que nunca he *eutanasiado* a uno de no ser porque no existía otra alternativa.

—Lo sé, Julián. —Los ojos se me llenaron de lágrimas—. Solo te culpé porque el dolor era demasiado grande y necesitaba un motivo para afrontarlo, pero sé que no tienes ninguna culpa.

Era yo quien había acudido a la clínica para hablar, pero, tras ver los ojos tristes y cansados de Julián, me daba la sensación que él era el que necesitaba verme a mí.

—En la universidad te enseñan los pasos a seguir para dormir a un animal, es todo tan mecánico que carece de sentimientos. No te enseñan lo que duele despedir a ese animal que lleva visitando la clínica durante más de una década.

»Soy veterinario porque me encantan los animales, he crecido rodeado de ellos y no me imagino ni un día sin uno cerca de mí. Me encariño de ellos, aunque no sean míos, pero soy su médico y es imposible no crear una especie de vínculo entre médico-paciente. —Guardó silencio—. Aunque su primera muestra de cariño fuera un mordisco con los dientes de leche y doliera como si no hubiera un mañana.

Ambos nos echamos a reír tras recordar esa anécdota. Cody era muy independiente y no le gustaba que lo tocaran sin su permiso. Por lo que, en cuanto Julián le colocó un catéter para sacarle una muestra de sangre, Cody le dio un buen mordisco. Julián gritó por la sorpresa, y Cody —automáticamente— empezó a lamerle la herida. No le hizo sangre, solo le dejó una pequeña marca, pero imaginé que era su forma de decir «Lo siento, pero me has hecho daño».

—Cody, Cody... —dijo Julián—. Era todo un gruñón, pero se deshacía en lametones en cuanto le enseñaba las golosinas de pato. Fue duro, ¿sabes? Cambiar las golosinas de mi bolsillo por una aguja.

»Te dicen que, como veterinario, debes mantener el control. No desmoronarte, pensar que *solo* es un perro más y seguir adelante con la eutanasia. Pero es difícil cuando lo has visto de cachorro, has conocido todas sus facetas y lo has visto crecer. Y, de repente, te das cuenta de que ha envejecido y no quieres que llegue *el* día.

No sabría decir quién de los dos estaba llorando más. Y, aunque me gustaría añadir algo, Julián necesitaba esta conversación. Y yo también. Me estaba poniendo en su piel, una en la que —sinceramente— no me gustaría estar. Sentía todo el dolor que escondían sus palabras y, en cierta manera, me reconfortaba comprobar que no era la única que los consideraba parte de la familia.

—Cuando Raúl y tú os fuisteis, entré en la sala para coger a Cody. Es una parte de mi trabajo que no me gusta mostrar, por eso salí de la habitación cuando se quedó dormido. En fin... ya sabes, todo el rollo ese de que el veterinario debe actuar con firmeza. Y, cuando lo cogí por última vez, lloré. Sentía que le estaba fallando a él, también a Raúl y a ti. Me encantaría tener el superpoder de que los animales vivieran más años, pero solo... —sollozó— soy un veterinario.

Me levanté de la silla para acercarme a Julián. Él también se levantó y nos fundimos en un abrazo que dijo más que las propias palabras. Ambos sentíamos el dolor del otro, el dolor que nos desgarraba por dentro tras tomar la última decisión, una que cambia la vida de cualquier persona que tuviera que tomarla. Incluso el veterinario.

—Cuidas a los animales como si fueran tuyos —dije—

. De no ser por ti, muchos habrían fallecido antes de que llegara su verdadera hora. No puedes salvarlos a todos, porque la muerte llega cuando llega... Por desgracia, nosotros no decidimos cuándo nos vamos de este mundo.

»Pero, aun así, a pesar de todo el dolor, vienes cada día aquí y pones tu mejor sonrisa para tratar a cada uno de esos animales que necesitan tu ayuda. No solo los ayudas a ellos —me separé de Julián—, también a nosotros. Nos ayudas a mejorar su calidad de vida, nos das consejos sobre cómo tratar una cosa u otra. Nos das un mundo de posibilidades para pasar el máximo tiempo posible al lado de nuestros peludos. No será un superpoder, pero se acerca.

La imagen idealizada que tenía de Julián se disipó en mi cabeza. Veía a un hombre —de unos cincuenta años— que se rompía cada vez que tomaba la decisión más importante en la vida de los animales. Al fin y al cabo, la última palabra la tenía el veterinario, el verdadero profesional en estos casos. Me alegré de comprobar que, por primera vez, estaba delante de una persona de carne y hueso que sentía verdadera pasión y vocación por su oficio.

—Gracias por venir, Andrea —me dijo en la recepción de la clínica—. Tu visita me ha ayudado más de lo que imaginas.

—A mí también me ha ayudado. —Sonreí—. Supongo

que nos veremos por la calle en alguna ocasión.

Salí de la clínica con una sonrisa, la misma con la que me despedí de Julián. Sentía el cuerpo ligero, liberado. Una paz interior me abrazaba ligeramente.

Saqué el teléfono y le mandé un mensaje a Laura:

> He ido a ver al veterinario de Cody. Creo que la conversación que he tenido con él me ha sanado un poco más.

A los segundos de enviarlo, una llamada entró en mi teléfono.

—¿Quién eres tú y qué has hecho con Andrea? —preguntó Laura con una carcajada—. Estoy muy orgullosa de ti.

—Necesitaba hablar con él. Parte de mi ira iba dirigida a él y me sentía culpable —me sinceré—. No tiene culpa de nada, tomó la decisión de dormir a Cody porque era la correcta.

—Y, ahora, ¿cómo te sientes?

—Como si me hubiera quitado una carga de encima.

—La ira, el odio, la culpa... todas esas emociones son un lastre para nosotros y para nuestro alrededor —comentó—. Sigue así, Andrea, lo estás haciendo genial. ¡Nos vemos mañana!

Capítulo 18

«Si tener alma significa ser capaz de sentir amor,
lealtad y gratitud, los animales son mejores
que muchos humanos»
James Herriot

Raúl y yo íbamos camino a la consulta de Laura, cogidos de la mano. Habíamos parado un momento en *La Cafetería de Silvia* y pedimos tres cafés para llevar. Le dije a mi marido que no hacía falta comprar uno para Laura, ya que tenía una cafetera de cápsulas en la consulta. Aun así, insistió en tener ese detalle.

—Tú debes de ser el famoso Raúl —dijo Laura nada más abrir la puerta de su consulta.

—Y tú debes de ser la famosa Laura —contestó mi marido con el mismo tono—. Toma, hemos pensado que te gustaría beber un café decente. Andrea no habla muy bien del tuyo.

—¡Gracias, chicos! —exclamó entusiasmada—. No se

lo digáis a mi cafetera, pero es cierto que prefiero el café de fuera. —Los tres nos echamos a reír—. Ya le dije a Andrea que tenía que jubilarla.

Laura caminó por delante de nosotros hasta el despacho, y me percaté de que ni siquiera la había saludado al llegar. Tenía miedo. Muchísimo. De no ser porque sostenía el vaso de café en la mano y sentía el calor a través del envase, pensaría que mi cuerpo había desconectado de mi cerebro. No sabía si estaba preparada para esa conversación, aunque, para ser sinceros, nunca lo estaría.

—Los tres sabemos por qué estamos aquí —comenzó Laura mientras se acomodaba en su silla—, pero me gustaría saber un poco de vosotros como pareja y matrimonio. Contadme, ¿cómo os conocisteis?

Raúl y yo nos miramos, pero yo estaba tan bloqueada que agaché la mirada. Ese fue el indicio para que mi marido fuera el primero en empezar.

—En la universidad, estábamos en el segundo año de carrera —dijo—. Unos amigos en común nos presentaron y yo me quedé prendado de ella. Quería hablar con Andrea, pero tan rápido como me la presentaron, se marchó. Desapareció de mi campo de vista, así que la estuve buscando hasta que la encontré bailando con varios compañeros. No quise molestarla, así que pasé del tema.

—Si he de ser sincera, no recuerdo mucho de esas fiestas —añadí—. Es decir, recuerdo que me presentaron a un chico. En realidad, me presentaban a mucha gente. No era muy popular durante el día, pero, por la noche, cuando bebía un poco, era todo lo contrario.

—Por eso no me fijé en ella hasta el segundo año, en clase pasaba desapercibida —continuó Raúl—. Se sentaba sola, no hablaba con nadie. Se limitaba a escribir apuntes y, en cuanto daban la hora, se marchaba. Fue extraño, no parecía la misma chica que conocí en esa fiesta.

—Porque no lo era —sonreí—, bebía tanto que me convertía en una Andrea extrovertida. En fin, ya lo sabes, soy muy tímida. —Miré a Laura—. Raúl me saludaba todos los días y yo no entendía por qué. Nadie lo hacía. Al ver que lo ignoraba, se sentaba a mi lado en todas las clases que coincidíamos.

—Y yo me dedicaba toda la hora a hacerle preguntas como si yo no entendiera lo que estábamos dando en esa materia. —Se echó a reír—. Lo entendía todo, pero quería que me hablara.

—Me ponías de los nervios —ataqué con una sonrisa.

—Sí, amor, pero esos nervios eran porque estabas

loquita por mí y no te concentrabas en clase.

Negué con la cabeza mientras me ponía colorada. A pesar de llevar tantos años con él, me conocía y sabía cómo provocar esa timidez que algunas veces salía a relucir con mi marido.

—¿Quién le cuenta cómo fue nuestro primer beso? —preguntó con cierto tono irónico.

—¿De verdad quieres contarle eso? —Me tapé la cara con las manos—. Qué vergüenza.

Miré a Laura, quien nos observaba con una sonrisa. Raúl y yo habíamos viajado al pasado con una facilidad que me sorprendía. Llevábamos tantos años a las espaldas que nunca hablábamos de nuestros inicios.

—Por favor —suplicó—, ahora necesito saberlo.

—Fue en una fiesta —dijo Raúl—, justo una semana después de que yo me sentara cada día con ella. Se notaba que esa noche llevaba unas copas de más, así que me limité a bailar, aunque ella tenía otros planes.

—¡¿Qué planes?! —preguntó Laura con entusiasmo. Sin duda, era la que mejor se lo estaba pasando con esa sesión.

—Ella se abalanzó, literalmente, sobre mí. Me pilló tan de sorpresa que caímos al suelo.

Raúl y Laura empezaron a reírse en carcajadas, aunque

yo lo único que quería era que me tragara la tierra. Cometí muchas tonterías cuando estaba bajo los efectos del alcohol, pero, sin duda, aquella era la peor de todas.

—Te voy a matar en cuanto lleguemos a casa —le dije a Raúl—. Lo sabes, ¿no?

—Venga, amor, es divertido. —Apoyó su mano sobre mi pierna—. Pero esa no es la mejor parte.

—¿Hay más? —preguntó Laura dando palmadas insonoras.

—Al día siguiente, Andrea no se acordaba de nada. —Raúl acercó su silla a la mía y me abrazó—. Cuando pasó un tiempo y ganamos confianza, admitió que tenía pensado besarme, pero le daba tanta vergüenza que se pasó con la bebida.

—Qué horror... —susurré con las mejillas sonrojadas, aunque levanté la mirada para cruzarla con la de Raúl—. Cuando me explicó que yo le había besado, quise morirme ahí mismo. No sabía si le gustaría la verdadera Andrea: la tímida, la callada, la introvertida.

—Esa Andrea fue la que me enamoró. —Raúl pellizcó el puente de mi nariz—. Te quiero, amor.

Se acercó a mis labios y los besó. Por un instante, olvidé que estábamos en la consulta de mi terapeuta. Acepté ese beso que me supo a amor, a muchísimo amor. Los inicios suelen ser los más difíciles, pero con Raúl... con él no existía la palabra «complicado». Estábamos tan conectados que todo fluyó de una manera natural.

—La idea era que fuera algo temporal —continué explicando a Laura, a quien parecía que le salían corazones por los ojos—. Cuando nos dimos cuenta, había pasado un año y conocíamos a la familia del otro.

—Y aquí estamos —finalizó Raúl.

—Sí, aquí estamos... —susurré.

Nos quedamos en silencio, y yo comencé a ponerme nerviosa. Era consciente de a qué habíamos ido los dos a esa sesión. Comprendí lo que Laura pretendía. Quería que estuviéramos lo más en sintonía posible para la tormenta que se avecinaba.

—Raúl, ¿qué tal fue tu primer encuentro con Cody?

—Horrible —se echó a reír—, quería matarme.

—¡Eso no es verdad! —repliqué.

—Bueno, vale, pero admite que un poquito —hizo la señal de *mínimo* con los dedos— sí que quería acabar conmigo.

—Sí, vale... era muy protector conmigo.

—Al principio me ladraba muchísimo, no me quería

cerca de Andrea ni de él. Y, en fin, pensé que era normal. Andrea siempre me hablaba de la conexión que tenían, así que me pareció muy lógico que la sobreprotegiera. No quería que ningún imbécil le rompiera el corazón a su *mami*.

—Existen diversos estudios donde señalan que los perros son capaces de detectar cuando una persona tiene buenas o malas intenciones —explicó Laura—. Lo llaman «sexto sentido», aunque yo lo llamaría «conexión emocional» entre humano y animal.

»Los perros son como niños, quieren toda la atención para ellos. Están acostumbrados a que su humano les dé todo el cariño del mundo y no suelen aceptar que aparezca *otro*. Es posible que, con anterioridad a vuestro encuentro, Cody notara tu olor en la ropa de Andrea, y eso no le gustaba.

—En pocas palabras, estaba celoso —resumió Raúl. Laura asintió con la cabeza—. Con el paso del tiempo, me gané su confianza. Le llevaba golosinas, le compraba juguetes... Ya sabes, chantaje emocional.

»Hasta que llegó un punto en que, si nos sentábamos en una terraza o en un banco, Cody prefería tumbarse en mi regazo y se quedaba dormido mientras lo acariciaba.

Supongo que era su manera de decirme que me aceptaba en la familia.

—Andrea, ¿qué sentiste cuando Cody lo aceptó en vuestras vidas? —me preguntó Laura.

—Completa —respondí con sinceridad—. Cody era lo más importante para mí. Si quería compartir mi vida con Raúl, necesitaba que Cody lo aceptara. De lo contrario, no estaríamos aquí.

—Te veo muy segura de tus palabras.

—Nunca habría aceptado a una persona que no comprendiera lo que Cody y yo sentíamos el uno por el otro. Era muy importante para mí que Raúl lo entendiera, que nunca se opusiera a nuestro vinculo, que fuera bueno con Cody.

»Cuando me preguntan si quiero más a Cody que a otras personas, la respuesta es afirmativa y me miran como si estuviera loca. Solo las personas que hemos compartido esa conexión con otro animal sabrán lo que quiero decir. Cody no solo era un animal, era mi otra mitad.

—A mí no me importaba *compartir* a mi chica con él —bromeó Raúl—, solo había que verlos juntos para comprobar la clase de conexión que tenían. Me daban un poco de envidia, pero cuando Cody me aceptó, yo también experimenté esa sensación. Y yo sentí... —su voz se desmoronó y carraspeó— que lo tenía todo. Tenía a Andrea y a Cody en mi vida, no necesitaba más.

Raúl apartó la mirada y miró hacia el otro lado. Noté su cuerpo rígido y en tensión, y apreté la mano que todavía descansaba en mi pierna. Quería que me mirara, pero no lo hacía. Mantenía la mirada fija al lado contrario.

Miré a Laura para pedirle ayuda, no entendía qué había pasado. Ella solo me pidió con la mirada que mantuviera la calma.

—¿Te encuentras bien? —preguntó, aunque mi marido se limitó a asentir con la cabeza—. ¿Quieres hablar de ello?

Continuaba en silencio y yo ya no sabía qué hacer. Moví la pierna en repetidas ocasiones por la impotencia. Hacía unos minutos que estábamos hablando entre risas, contando anécdotas y recuerdos, pero ahora todo era silencio. Se respiraba tensión en el ambiente.

—Es duro. —Raúl tragó saliva—. Es duro saber que Cody se ha marchado y que todo lo que tengo de él en mi cabeza son recuerdos. Es duro aceptar que ya no habrán más.

No entendía nada. No entendía sus palabras. No entendía este nuevo comportamiento de Raúl. No... él no sentía nada de lo que decía. Todo era mentira. Solo lo estaba adornando delante de Laura, pero no sentía nada eso. Me vi incapaz de guardar silencio.

—¿Qué coño estás diciendo? —pregunté enfurecida—. A ti te importa una mierda que Cody haya muerto.

Raúl me miró sorprendido. Abrió la boca para hablar, pero la cerró al momento. Sus ojos habían adquirido un tono rojizo, como si estuviera reteniendo el llanto.

—Andrea —dijo Laura—, deja que se exprese, por favor.

—Y una mierda —zanjé—. ¿Qué estás haciendo? De verdad, Raúl, ¿qué te crees que estás haciendo? Ha pasado más de una semana y no me has dicho nada de esto, ¿cómo se te ocurre mentir sobre algo así?

—No estoy mintiendo —susurró—, a mí también me duele que...

—No te duele. Es a mí a quien le duele —me señalé con el dedo—, no a ti.

Raúl resopló y bajó la mirada. Se lo veía abatido, pero seguía sin creerme ni una sola palabra.

—Andrea —repitió Laura, esta vez con más autoridad—, por favor, deja que...

—No me digas cómo tengo que hablar con mi marido, ¿vale? —La miré con toda la rabia que llevaba en mi interior. Me estaba comportando como un monstruo, pero no podía parar. No podía callarme, no podía retenerme—. Eres un hipócrita, Raúl, eso es lo que eres.

—Maldita sea, Andrea, ¡también era mi hijo! —gritó Raúl, levantándose de la silla—. No eres la única que está sufriendo.

Con el grito de mi marido, algo hizo *clic* en mi cabeza y toda esa ira se desinfló, como un globo al que pinchan con una aguja. Lo miré con más detenimiento y vi a una persona que sufría. Como si estuviera guardando todo lo que sentía en su interior.

—¿Y por qué no hablaste conmigo? —pregunté más calmada—. ¿Por qué no me lo explicaste?

—¡Porque no me dejabas! —volvió a gritar—. ¡Porque no parabas de hablarme mal y de ignorarme! Joder... tú estuviste dieciséis años con Cody, pero yo también estuve, ¿sabes? Compartí mi vida con él durante catorce años.

—Pero yo creía que... que Cody no te importaba.

Las lágrimas salieron de mis ojos y descendieron por mis mejillas como una cascada. Había estado equivocada con Raúl, y me dolía haber pensado así de mi marido. Pensé que compartía mi vida con un auténtico desconocido. Todo lo que yo creía, todo lo que había inventado en mi cabeza, era mentira. Había tratado mal a Raúl por el dolor que sentía tras perder a Cody, pero también porque no entendía ese comportamiento tan frío.

Sentí unas manos en mis piernas y abrí los ojos, Raúl estaba sentado de cuclillas delante de mí.

—Cody y tú sois lo más importante de mi vida. —Se acercó más a mí y cogió mi rostro entre sus manos—. ¿De verdad piensas que él no me importa? Amor, lo he sacado a pasear miles de veces, lo he atendido cuando tú estabas enferma, lo he llevado al veterinario cuando tú no podías. Tú lo hacías todo por él, pero yo también. Era mi niño, joder, mi niño… ¿Cómo has podido pensar eso de mí?

Raúl apoyó su frente contra la mía y dejé de distinguir cuáles eran mis lágrimas y cuáles eran las suyas.

—No lo sé, cariño, no lo sé…

Capítulo 19

«Los animales no odian y se supone que
somos mejores que ellos»
Elvis Presley

No supe cuánto tiempo estuvimos abrazados, llorando el uno sobre el otro, consolándonos, diciéndonos «Te quiero» y «Lo siento». Un sentimiento de culpa —otro más— me invadía por pensar de esa manera tan cruel sobre mi marido, de dudar sobre él. Aunque me sentía aliviada de que todo fueran invenciones mías, no me sentía orgullosa por lo que había pasado entre nosotros. Y eso, si lo pensábamos con la cabeza fría, era culpa mía.

Fue Raúl quien se separó de mí y volvió a sentarse en la silla. Laura nos permitió unos minutos para estabilizarnos.

—Un matrimonio se construye a base de confianza, sinceridad y trabajo —dijo—. Vosotros necesitabais hablar de Cody, expresar cómo os sentís tras su pérdida. Es normal que haya reproches, que haya gritos e incluso insultos, pero debéis mentalizaros que todo viene desde la ira, no de vosotros mismos.

»Un matrimonio es un equipo de dos personas que caminan juntas al unísono. La comunicación es muy importante cuando habéis sufrido la pérdida de un hijo. De hecho, es común que la pareja se divorcie cuando no consiguen afrontar la ausencia de ese ser querido y...

—No —interrumpió Raúl—, Andrea y yo no hemos pensado en divorciarnos.

«Yo sí», pensé en mis adentros. No obstante, como si me hubieran leído el pensamiento, Raúl y Laura me miraron con los ojos abiertos.

—¿Tú sí? —preguntó mi marido. Mierda, ¿lo había dicho en voz alta?—. ¿Has pensado en divorciarte de mí?

—Yo... —titubeé—. Yo...

—Raúl —interrumpió Laura—, piensa que Andrea se encuentra en un estado en el que está gestionando muchas emociones al mismo tiempo. Que se le haya pasado por la cabeza no quiere decir que lo fuera a llevar a cabo.

—Permíteme que sea un poco maleducado contigo —respondió—, pero quisiera que mi mujer contestara a mi pregunta.

Pobre Laura, al final me tocaría regalarle una cafetera

profesional para solventar esos comentarios en que interrumpíamos su trabajo.

—Laura tiene razón —la defendí—, ahora mismo no sé nada de mí. He pensado tantas cosas de las que ni siquiera recuerdo.

—¿Y no pensaste compartir ese pensamiento conmigo? —preguntó—. Llámame loco, pero soy tu marido. Creo que, cuando se trata de nosotros, merezco saberlo.

—Solo fue algo fugaz, nada serio —respondí—. Me daba la sensación de que eras un desconocido para mí. Cody murió, pero tú seguiste con tu vida como si nada. Ibas a trabajar, cenamos con tus padres, me hablabas tan entero... No lo sé, en mi cabeza tenía sentido.

—Te pedí disculpas por lo de mis padres —contraatacó—, creía que eso ya lo hablamos.

—Y no te culpo, pero también les podrías haber dicho que no era el momento.

—¿Te crees que no lo sé? ¿Te crees que yo quería cenar con ellos? Quería estar con mi mujer, quería hablar de todo lo que estamos hablando ahora.

—Claro que lo sé, pero...

—Chicos —nos interrumpió Laura—, ahora mismo lo que veo es un problema de comunicación. Andrea —

me miró—, tú no has sabido hablar con tu marido de cómo te sientes. Y tú, Raúl —le miró—, tampoco. Podríamos estar aquí durante días hablando de quién tiene la culpa de qué, pero eso no será bueno para vosotros.

»Cada persona es única, igual que el duelo. Cada persona lo gestiona de manera distinta, pero eso no quiere decir que uno quiera más o quiera menos a quien hemos perdido. Hay personas que lloran durante horas y se sienten aliviadas, pero hay otras que prefieren distraerse y no pensar en el tema. Lo primordial es expresarse, pero sin juzgar al otro cuando no entienda esa forma de vivir el duelo.

»Necesitáis sentaros, hablar calmados del problema y buscar una solución. Sé que no es fácil, tendréis que trabajar mucho en vuestra relación, pero lo conseguiréis. No sirve de nada buscar culpables, así que tragaos el orgullo y abríos en canal el uno al otro.

Raúl y yo nos mantuvimos en silencio. Me habría gustado saber qué pensaba al respecto de lo que Laura había explicado sobre nosotros. Tenía razón, no podía decir lo contrario. La pérdida de Cody había supuesto un cambio muy grande en mi vida, tanto que me llegué a replantear cualquier cosa que estuviera a mi alrededor. Estaba viviendo una pesadilla de la que quería despertar, aunque sabía que no estaba soñando. Estaba en la vida real, por mucho que me doliera.

—Quisiera saber qué pasa por vuestras cabezas —dijo Laura.

—Yo... —empezó Raúl— me gustaría irme. Lo siento, pero esta conversación ha sido demasiado para mí.

Miré a mi marido, pero me esquivaba. No quería que hiciera eso, que se marchara y dejáramos la conversación a medias. Lo último que necesitaba era que pensara que no quería estar con él.

—Claro, tienes mucho que pensar —le animó Laura—. Puedes marcharte, la sesión casi ha terminado.

Raúl se levantó de la silla sin mirarme y alargó el brazo para darle un apretón de manos a Laura. Actuaba como si yo no estuviera a su lado. Me dolía más la indiferencia que cuando nos estábamos gritando hacía unos minutos.

—Ha sido un placer conocerte, aunque haya sido en estas circunstancias.

Acto seguido, dio media vuelta y se marchó. Miré hacia atrás con la pequeña esperanza de que Raúl se girara para mirarme, pero nada de eso ocurrió. ¿Qué estaba pasando? No entendía nada.

—Lo siento, yo... —dije, pero me quedé callada.

—Vete, anda —sugirió—. Necesitáis hablar.

Cuando salí del despacho de Laura, vi que Raúl acababa de abandonar la consulta. Fui tras él antes de que lo perdiera de vista, había captado que no quería estar conmigo.

—¡Cariño! —grité—. Espera, por favor.

—¿Qué quieres? —Me habría gustado averiguar algún tipo de información en su rostro, pero la realidad era que no mostraba nada. Me dolía y me confundía a partes iguales.

—¿Dónde vas? Podríamos... no sé, tomar un café y hablar.

—Ahora no quiero hablar —respondió—. Me voy al trabajo.

—¿No crees que deberíamos hablar de lo que ha pasado? —supliqué—. No quiero que te vayas enfadado.

—Amor, no estoy en condiciones. —Relajó el tono de voz y se acercó a mí—. He respetado que me ignoraras o que me gritaras, así que, por favor, ahora te pido que respetes mi espacio.

—Por favor... —tragué saliva—, no te vayas así.

—Hablamos en casa —dijo sin mirarme, pero depositó un cálido beso en mi frente—. Hasta luego.

Quería retenerlo, que no se fuera de mi lado. Todo ese rechazo hacia él se esfumó en cuanto vi que existía una pequeña probabilidad de perderlo para siempre. No había sido justa con él, no me había puesto en su lugar en ningún momento. Solo pensé en mí y en mi dolor, pero nunca en el suyo. Solo di por hecho que la muerte de Cody no le había afectado por el simple hecho de que no había llorado por él. Como si esa fuera la verdadera muestra de que lo quería... pero nunca pensé en todos los años compartidos.

Raúl no tenía ninguna obligación en aceptar a Cody, pero lo hizo. También era su hijo, aunque hubiera llegado dos años más tarde a nuestras vidas. La verdadera muestra de amor la demostró día a día durante catorce años.

La verdadera muestra de amor eran las mañanas en las que Cody y él se despedían entre besos y lametones. Que llegara de trabajar y, lo primero que hiciera al entrar en casa, fuera saludar a Cody en vez de a mí. Que paseáramos los tres por las noches, aunque él estuviera cansado de trabajar todo el día. Salíamos todos los fines de semana a lugares poco transitados solo para pasar el día con Cody, y él nunca puso ninguna objeción. Le importaba tanto como a mí pasar tiempo de calidad con Cody.

Esa era la verdadera muestra de amor, y yo ni siquiera había caído en ello.

Capítulo 20

No podía sentirme peor conmigo misma. La tristeza no hacía más que aumentar a medida que pasaban los minutos. No me ubicaba. No me situaba. Llegué a casa con el corazón roto, pero los pedacitos se partieron todavía más tras percatarme de que Cody no me estaba esperando en la puerta para saludarme. Él no estaba, y mi marido... tampoco. El sentimiento de soledad se hizo más grande en el momento que Raúl se despidió de mí en la calle. Le costaba mirarme, incluso hablarme. Había sido egoísta con la única persona que trataba de ayudarme.

No quería excusarme con que estaba viviendo el duelo por la pérdida de mi hijo. Era consciente de que le hablaba mal, que le gritaba e incluso que le reprochaba cosas en cara. No había sido justa con él. Nunca me puse en su lugar, en cómo me sentiría yo si él hubiera actuado de esa forma conmigo. Ni siquiera quería pensar en esa posibilidad, porque lo que sentiría sería… decepción. Y no quería imaginar que Raúl sintiera eso por mí.

Mi mirada se centró en una de las muchas fotografías que teníamos colgadas en la pared del televisor. Aparecíamos Cody, Raúl y yo. Yo tenía la mano alzada para enseñar el anillo de compromiso con el que Raúl me pidió matrimonio. «Te prometo que Cody me ha dado su bendición para pedirte la mano», dijo con una sonrisa, quien miró a nuestro pequeño y este emitió un ladrido de aprobación.

Odiaba esa foto porque yo salía horrible. Tenía los ojos llenos de lágrimas, pero sin duda rebosaba felicidad. Raúl y Cody miraban a la cámara, sonrientes. Mis *hombrecitos* salían perfectos.

Acaricié las orejas peludas de Cody a través de la fotografía. Sus ojos llenos de vida, su naricilla —que siempre estaba fría y que a mí me provocaba algún que otro grito de sorpresa cuando aparecía de repente a mi lado—, su sonrisa con la lengua fuera. Pero también acaricié el cabello rubio de Raúl, sus ojos avellana, sus labios. Paseé el dedo por cada facción de su rostro, el cual tenía apoyado sobre la cabeza de Cody.

Echaba tantísimo de menos a Cody... y me dolía darme cuenta de que jamás habría más momentos como ese entre los tres. Nuestra familia se había roto por la mitad, y me daba miedo pensar que podría romperse del todo.

Abrí los ojos mientras un dolor —ya conocido— me taladraba la cabeza. Tenía el rostro mojado por las lágrimas. Me había quedado dormida en el sofá, tapada con la manta de Cody y abrazada a la fotografía de la pedida. No me percaté de que Raúl estaba sentado a mi lado hasta que mis ojos se abrieron del todo.

—¿Por qué no me has despertado? —pregunté mientras me incorporaba y me sentaba a su lado—. ¿Cuánto llevas aquí?

—No lo sé, un par de horas —contestó—. No quería despertarte, hace días que no duermes bien.

Miré a Raúl y capté que unas ojeras adornaban sus ojos. Su mirada era triste, cansada. No me había dado cuenta del estado en que mi marido se encontraba y me sentí aún peor. No expresaba su dolor con palabras, pero solo había que mirarlo a la cara para saber cómo estaba.

—Lo siento… —Busqué su mano para entrelazarla con mis dedos—. Lo siento muchísimo.

—¿Qué sientes exactamente? —preguntó con un suspiro. Se llevó la mano libre para frotarse los ojos.

—Todo —susurré—. Tratarte mal, ignorarte, gritarte…

—Todo eso me da igual, Andrea —dijo con dureza. No me pasó desapercibido que me llamara por mi nombre, solo lo hacía cuando estaba en tensión—. Me duele que pienses que soy un desconocido para ti.

—Yo… supongo que busqué algo a lo que aferrarme para no pensar en Cody.

—¿Y no pensaste en aferrarte a mí? —preguntó—. ¿En buscar mi apoyo? Daría lo que fuera por ti, maldita sea.

—Lo sé, pero estabas tan normal que…

—¿Normal? —me interrumpió—. Yo también estoy sufriendo, Andrea. He llorado por Cody delante de ti, pero no te has dado cuenta. Y no te lo reprocho, te aseguro que no. —Apretó mi mano—. Sufro por la ausencia de Cody, pero también sufro por ti. Me mantengo lo más cuerdo posible para que te apoyes en mí, aunque he conseguido lo contrario. Te he alejado de mí, de lo contrario, nunca habrías pensado en divorciarte.

—Fue un error, cariño. Te lo prometo.

Las lágrimas se deslizaban por mis mejillas. Jamás creí que podría sentir más dolor del que experimenté cuando Cody se marchó. Ahora, sin Cody y viendo a mi marido derrotado, me encontraba tan fuera de mí misma que no sabía si algún día encontraría la salida.

—Necesito que seas sincera conmigo, amor. —Tragó saliva—. ¿Tú me quieres?

—Pero ¿qué estás diciendo? —pregunté perpleja—. ¿Por qué dices eso?

—Por favor, responde —rogó—. Sé sincera, necesito saberlo.

Me senté en el regazo de Raúl, aunque no sabía si él quería ese tipo de contacto en ese momento. Pero quería que me mirara a los ojos mientras le respondía a esa locura de pregunta. Que viera que estaba siendo totalmente sincera con mi marido. Apoyé mi frente contra la suya, y unas tímidas lágrimas salieron de sus ojos.

—Te quiero, Raúl. —Acaricié sus mejillas con mis manos mientras secaba cualquier rastro de tristeza en su mirada—. Te quiero desde el primer día que te vi en la universidad, incluso puede que antes. Siento una unión contigo que no he sentido con nadie. Una unión que siempre está presente en mi corazón, aunque no estés cerca de mí. —

Cogí su mano y la coloqué encima de pecho, justo donde ese órgano latía con fuerza—. Si todavía no he perdido la cabeza, es porque te tengo a ti. Porque sigues a mi lado. Porque te quiero con toda mi alma, Raúl.

—Amor...

—No quiero perderte, cariño —lo interrumpí—. No quiero que perder a nuestro hijo provoque que también perdamos nuestro matrimonio. Él nunca... —tragué saliva—, él nunca lo habría querido.

—Si Cody estuviera aquí, no pararía de ladrar. No le gustaba cuando alzábamos la voz. —Me besó mientras nuestras lágrimas se encontraban y notaba un sabor salado en mis labios—. Nuestro niño se ha ido, y el dolor a veces es insoportable... No soportaría perderte a ti también. Vosotros dos sois lo mejor que tengo. Sois mi familia.

Capítulo 21

«La vida de todos los seres, sean humanos, animales
o de otra clase es preciosa. Todos tienen
el mismo derecho a la felicidad»
Dalai Lama

A la mañana siguiente, me desperté por el timbre de la puerta. Maldije a quien fuera, ya que esa noche había conseguido dormir de un tirón. Después de la conversación, Raúl y yo nos fuimos a dormir y nos abrazamos para tratar de alejar todo lo negativo. Sin darme cuenta, me quedé frita en cuestión de minutos.

Me levanté de la cama un poco aturdida. Deseaba que, fuera quien fuese, se marchara rápido. Quería volver con Morfeo. Sin embargo, me llevé una sorpresa al abrir la puerta y ver a mis padres tras ella.

—¿Todavía estabas dormida, cielo? —preguntó mi madre—. Es casi mediodía.

—Te lo dije —dijo mi padre—, conozco a mi hija

como la palma de mi mano. Me debes una cena.

Mi madre miró con fastidio a mi padre, quien me ofreció lo que traía consigo. Estaba tan dormida que no me percaté de que llevaba un café y una bolsa de panadería.

—Pasad —dije con la voz ronca—, no os quedéis en la puerta.

No sabía qué estaban haciendo allí. Quizá fuera cosa de Raúl, aunque lo dudaba mucho si teníamos en cuenta que durante las últimas dos semanas apenas había dormido. Él quería que me cuidara, que no me desatendiera de la forma en que lo estaba haciendo.

—Estábamos preocupados —comenzó mi madre tras sentarnos en el sofá—. No respondías a las llamadas ni a los mensajes. Raúl nos dijo que estabas más o menos bien, pero queríamos comprobarlo con nuestros propios ojos.

—Sigo viva —le di un sorbo al café—, así que algo es algo.

Mi madre miró preocupada a mi padre, sabía que no le había gustado mi comentario. Si Laura me había dejado claro algo, era que tenía que ser sincera conmigo misma y con mi alrededor. Seguía viva, seguía respirando, aunque sintiera ese dolor en el pecho por la ausencia de Cody.

—Cuando tu abuelo murió —habló mi padre—, yo también me sentía así. Tú aún eras muy pequeña.

—Recuerdo que estuviste un par de semanas viviendo con el tío.

—No quería que me vieras sufrir —continuó—. Tu madre se limitó a decirte que el abuelo estaba en el cielo, y que yo me había marchado con tu tío para arreglar unos asuntos.

—Pero no tenías que arreglar ningún asunto, ¿no? —inquirí.

—No, pero sí a mí mismo. —Suspiró—. Tu abuelo era mayor, era inevitable que se marchara, pero fue un golpe muy duro. Así que, para protegerte, pensé que lo mejor era alejarme unos días.

—Nunca hablábamos del abuelo —comenté—. Yo a veces preguntaba por él y solo me decíais que se había marchado, que no teníamos que hablar de él. —Me quedé en silencio—. Hubo una vez que pensé que se había ido por mi culpa, como a veces me regañaba por ser tan callada...

—Nos equivocamos —siguió mi madre—. Tu padre no sabía gestionar ese dolor, así que pensamos que tú tampoco.

—Es difícil hablar de la muerte cuando la sociedad lo trata como un tema tabú —añadí. Mis padres me miraron sorprendidos—. Estoy yendo a una psicóloga para gestionar el dolor, y me ha hecho pensar en cómo la muerte se ve reflejada en las familias. —No sabía por qué mis padres habían venido a verme, y noté que la rabia volvía una vez más. Sin embargo, quise controlarla con ellos—. Si solo habéis venido porque os sentís culpables por cómo estoy tras la muerte de Cody, no hacía falta. Si hubiera sabido qué es la muerte de pequeña, no habría cambiado nada de lo que estoy viviendo.

Entendía que para mis padres fue difícil tratar la muerte en una niña pequeña, pero tampoco veía lógico que se ocultara o que se negaran a hablar de tema. Era cierto que hablar sobre mi abuelo habría servido para mentalizarme de que la muerte existía, pero se habla de la muerte como si fuera una enemiga. Hablar de la muerte nos da miedo porque nos da miedo lo desconocido.

En mi caso, por las malas, había aprendido que la muerte existía porque se llevó a Cody consigo. Y, aunque me dolía cada extremidad de mi cuerpo, no habría podido hacer nada por evitarlo.

—Cody te cambió la vida —dijo mi padre tras un silencio—. No fue fácil para nosotros ver que no tenías amigos por tu timidez, que los niños no se acercaran a ti porque no sabías cómo hablar con ellos.

—Nosotros te forzábamos a ello —continuó mi madre—, pero veíamos que lo pasabas peor, así que dejamos de insistir. Aun así, no era fácil aceptar que una niña fuera tan solitaria.

—Pero llegó Cody… —terminé por ellos.

Cody fue mi salvavidas. Cuando era pequeña, no entendía por qué era tan difícil socializar con otros niños de mi edad. Me bloqueaba y no salía ni una palabra de mis labios. Era una niña callada, por eso me costaba mantener una amistad con otra persona.

Mis padres estaban preocupados, lo recordaba. Me llevaron a diferentes médicos y me hicieron cientos de pruebas, incluso estuve con un logopeda. Pero todo estaba bien en mí, simplemente era muy tímida. Aunque ese veredicto tampoco me ayudó a comprender por qué yo era así.

—El cambio que sufriste tras su llegada fue inexplicable. —Mi padre sonrió—. Os ibais durante horas por la montaña y volvías con una sonrisa que jamás había visto en ti. Te escuchaba hablar con él y yo pensaba que estaba en un sueño, ¡nunca te callabas! Te volcaste en educarlo, en hacerlo tan feliz como él te lo hacía a ti.

—Cody sacó lo mejor de ti. Te volviste más expresiva, más sensible y más comunicativa. —Mis padres se dieron la mano—. Vimos en ti a la Andrea que llevabas dentro y no podíamos sentir más orgullo por tenerte como hija.

Cody marcó un antes y un después en mi vida. Él me impulsaba a salir de casa, a perdernos por las calles o por las montañas. Daba igual el lugar, solo necesitábamos la compañía del otro para sentirnos completos. Cody sacó lo mejor de mí porque él se percató de que yo no me encontraba cómoda conmigo misma.

Yo no era feliz en mi propio pellejo por esa timidez. Sin embargo, Cody se encargó de enseñarme que yo había nacido así, que no tenía por qué cambiarlo si eso me hacía daño. Él veía todo lo que había retenido durante años y lo sacó al exterior. Él me enseñó a aceptarme tal y como era. Cody me quería tal y como yo era.

Y, después de dieciocho años, acepté que yo era una persona tímida y que no había nada malo en mí. Que mi forma de ser era introvertida y que eso no me convertía en mejor ni en peor persona. Era una chica normal.

Cody fue una extensión de mí, más pequeño y peludo, más gruñón y protector, pero su corazón... era tan grande que a veces me preguntaba cómo demonios podía cargarlo en ese cuerpo tan pequeño.

Capítulo 22

«Los animales no son propiedades o cosas,
sino organismos vivientes, sujetos a una vida que
merecen nuestra compasión, respeto, amistad y apoyo»
Marc Bekoff

Me presenté en la consulta de Laura con dos cafés y un par de ensaimadas. Era mi forma de disculparme por lo que sucedió en la última sesión. Esperaba que fuera suficiente, de lo contrario me tocaría replantearme seriamente comprarle una cafetera en condiciones.

—Buenos días, Andrea —saludó al abrir la puerta—. Si siempre vas a aparecer así, nunca te daré el alta.

Laura cogió un vaso de café e hicimos un brindis. Entendía que decidiera estudiar Psicología, ya que era muy fácil estar con ella. Explicarle cualquier cosa que se te cruzara por la cabeza sin miedo a que te juzgaran o te malinterpretaran. Tenía una energía muy positiva.

—Es para disculparme por la sesión con Raúl —

comenté mientras caminábamos a su despacho—, nos pasamos un poco contigo.

—Tonterías —exclamó—, mi idea principal era que hablarais de vuestra situación. Aunque, si me hubieses comentado lo del divorcio con anterioridad, habría tenido más cuidado al abarcar el tema.

—Sí, lo sé, pero... fue un error. Nunca lo pensé en serio, solo fue una de las muchas alternativas para evadirme.

Nos sentamos cada una en nuestras respectivas sillas.

—Aun así, te agradezco el detalle —añadió mientras le daba un mordisco a una ensaimada—. ¿Habéis conseguido hablar?

—Se marchó cuando salimos de aquí, pero hablamos en casa más tarde. —Ambas sonreímos—. Fuimos sinceros el uno con el otro desde que Cody murió. Diría que todo está arreglado, aunque aún nos queda camino hasta llegar a la... *¿etapa de la aceptación?*

—Aprendes rápido. —Hicimos otro brindis—. Lo superaréis juntos, ya lo verás. Raúl te miraba con tanta ternura... y tú también, ¿eh? —Me guiñó un ojo—. No tengo ninguna duda de que saldréis más fuertes como pareja después de esto.

—Cody no querría vernos separados —Laura

asintió—, así que trabajaremos en nuestra relación para que esta situación no sea más que una mala racha.

—Ahora que ya hemos avanzado un poco sobre la parte *técnica* del duelo, hoy hablaremos sobre las pertenencias de tu hijo —explicó—. ¿Qué has hecho con las cosas de Cody?

—Siguen en casa —contesté—, tal cual estaban antes de su partida.

—¿Qué tienes pensado hacer con ellas?

—Pues... no lo sé —susurré—. No he pensado en ello. Raúl las quitó a los días de morir, y le eché tal bronca que las volvió a colocar en su sitio.

—Ninguna de las dos cosas es sana. Dejar todo en su sitio es una maniobra de evitación, pero también lo es quitarlas al momento. En ambas estáis evitando el duelo, y eso no es sano si queréis preservar su memoria en un ambiente sano.

—¿Qué deberíamos hacer? —titubeé—. No sé si estoy preparada para quitarlas. Sería como si nunca hubiera existido, no quiero eso.

—No te estoy diciendo que las quites todas, pero sí que reubiques su nuevo lugar. Cody ya no está, así que, por ejemplo, no es necesario que su comedero o bebedero continúen como si él fuera a usarlos.

»Yo siempre les digo a mis pacientes que hagan tres particiones: amar, donar y reciclar. En *amar* se colocan las pertenencias que quieres conservar para tenerlas como un recuerdo bonito. Y esas pertenencias deben hacerte sentir un pensamiento positivo: su primer juguete, su primera chaqueta, etc., pero nunca desde el dolor. Si ese juguete es el último que utilizó y tú lo vas a guardar para pensar «Fue lo último con lo que interactuó», no te estás haciendo ningún favor. No lo guardas desde el amor, sino desde el dolor. Y el dolor es lo último que queremos evitar cuando recordamos a nuestro hijo.

»Dime, ¿qué sería lo que guardarías con amor?

—Su primer peluche —respondí—. Es un perro blanco con una mancha marrón en el ojo. Lo llamábamos *Capitán* porque daba la sensación de que tenía un parche en el ojo.

Cerré los ojos y me transporté a uno de los momentos más enternecedores de Cody. Estábamos buscando alojamientos que admitieran animales para nuestras vacaciones, de lo contrario, no nos hospedábamos en ese lugar. Cody formaba parte de la familia, por lo que él siempre nos acompañaba. Cuando nos íbamos de viaje, Cody lo sabía. No sé cómo, pero lo sabía, y siempre metía a

Capitán en una de las maletas. Se lo llevaba a todas partes.

—¿Y cuál sería ese objeto que te produce dolor?

—Pues… no lo sé. —Abrí los ojos—. ¿Las facturas del veterinario? —Ambas nos reímos—. Diría que no tengo nada de él que me produzca dolor, pero sí que es cierto que tenía tantos juguetes que no usaba ni la mitad. Los tenemos guardados en cajas.

—Esas pertenencias irían en *donar* —objetó—. Si esos juguetes están en buen estado, los puedes donar a una protectora. Es lo que hice yo con los de Chloe, igual que la comida y las medicinas. Más del 80% de las protectoras no reciben ninguna subvención y no llegan a todo, sobreviven a base de las donaciones que los socios realizan. Donar lo que no os haga falta es otra forma de homenajear a Cody, ya que estarás ayudando a otros animales que sí los necesitan.

—Es una gran idea —añadí—, aunque no conozco ninguna protectora. A Cody no lo adoptamos como tal, sino que la perra de mi tío tuvo cachorros y yo me quedé con uno.

—No te preocupes, te pasaré por WhatsApp el contacto de la protectora donde fui yo. Está en las afueras de la ciudad. —Carraspeó—. Y la última partición sería *reciclar*, aunque imagino que ya sabes a qué me refiero.

—A todos esos juguetes que Cody destrozó y que no tienen ningún uso, ¿verdad? —Laura asintió con una sonrisa—. Tenemos una caja llena. Siempre dijimos de tirarla, pero Cody tenía una especie de sexto sentido y nunca nos dejaba sacarla de casa. Se ponía hecho una furia.

—Tu niño tenía carácter.

—¡Y que lo digas! —Sonreí—. Aunque en parte es culpa nuestra, lo mimamos demasiado. Era cariñoso y muy bueno, así que nunca vimos preciso cambiar ese comportamiento. Al fin y al cabo, cada persona es diferente y lo mismo pasa con los animales. Cada uno tiene su carácter y su forma de ser, y debemos respetarlos tal cual son.

—Por esa regla de tres, también deberías aceptar que tú eres una chica tímida y que no hay nada de malo en ello, ¿verdad? —Me sonrojé—. Qué fácil es aceptar y no juzgar a los demás, pero no cuando se trata de nosotros mismos.

Touché.

—Hablaremos de esto en la siguiente sesión —advirtió—. Por desgracia, nuestra sesión ha terminado y tengo un paciente dentro de diez minutos.

»Antes de irte, ¿me recuerdas cuáles son las tres particiones?

—*Amar, donar* y *reciclar* —contesté.

Capítulo 23

«Si recoges un perro hambriento y lo haces próspero,
no te morderá. Esa es la principal diferencia
entre un perro y un humano»
Mark Twain

Cuando Raúl llegó de trabajar, yo estaba sentada en el sofá y rodeada de peluches sin cabeza o abiertos por la mitad. En la mesa auxiliar tenía tijeras, algodón, agujas, pañuelos —con alguna que otra gotita de sangre— e hilos de diferentes colores.

—Amor, ¿qué ha pasado aquí? —preguntó—. ¿Han entrado a robar unos perros callejeros?

Levanté la mirada del peluche que tenía entre las manos y vi una sonrisa bromista en los labios de mi marido.

—Laura me ha recomendado que podríamos donar las cosas de Cody y, bueno... —levanté el peluche a medio coser—, aquí estoy.

—¿Vamos a deshacernos de todas sus cosas? No creo

que debamos… Quiero decir, a mí me gustaría quedarme con algunas.

—¡No! —exclamé—. Solo las que ya no necesitamos. ¿Por qué no traes dos copas de vino y te explico lo que hemos hablado?

La conversación con Laura me había dado una idea. Teníamos pertenencias de Cody que estaban para tirar, pero me acordé de esos peluches que habían sobrevivido a un ataque mortal de mi peludo y que guardábamos por el simple hecho de que pertenecían a Cody. En vez de ponerlos en la partición de *reciclar*, pensé en darles una segunda vida.

—Nunca te he visto coser —dijo mientras dejaba mi copa en la mesa—. ¿Sabes lo que haces?

—He llamado a mi madre para que me dé una clase rápida —expliqué—. Me acordé de que ella arreglaba los peluches que Cody destrozaba cuando vivíamos en casa de mis padres, así que le he pedido consejo. —Señalé la mesa—. He comprado todo esto en una costurera.

—No creo que esos pañuelos con sangre los hayas comprado ahí —objetó.

—Mi madre me ha dicho que compre un dedal para no pincharme, pero creí que no sería necesario. —Levanté mi dedo índice, que tenía una tirita—. Me equivoqué.

Raúl sonrió mientras sacaba un peluche de dragón de una caja.

—¿Le has arreglado la cola? —preguntó—. ¡La tenía destrozada!

—Sí, ¿a que ha quedado bien? —Asintió—. Tenemos muchos peluches que Cody destrozó, pero tirarlos sería una pena. Por eso también he comprado algodón, por si hubiera que rellenar alguno. Creo que los perros de la protectora lo agradecerán, aunque estén un poco… imperfectos.

Raúl se acercó a mí y me dio un beso en la frente.

—Tienes un gran corazón, amor. —Alzó mi barbilla para darme un beso en los labios—. No tendrías por qué hacerlo, y aquí estás: cosiendo unos peluches que están para tirar, pero reviviéndolos para que otros perros los disfruten como lo hizo Cody.

—Oye, quién sabe, quizá he encontrado mi verdadera vocación —bromeé.

—Quizá deberías dejar tu trabajo de contable y dedicarte a tiempo completo para reconstruir peluches asesinados, seguro que no te faltaría trabajo.

»Bueno, cuéntame, ¿qué habéis hablado para que mi piso se haya convertido en una juguetería?

—Me ha explicado que no es sano que tengamos todas sus cosas como si todavía estuviera aquí, pero tampoco lo es quitarlo todo. Me ha pedido que haga tres montones: *amar*, *donar* y *reciclar*. Nosotros solo nos quedaríamos con las de *amar* para tener recuerdos de Cody, *donar* sería para la protectora y *reciclar* sería para tirar a la basura. —Señalé una pelota que estaba rota y que le faltaba un trozo de plástico—. Como eso, por ejemplo.

—Vale, sacaré todas las cajas del despacho y hacemos esos tres montones.

—No —cogí su copa de vino y se la ofrecí—, mañana lo haremos juntos. Tú descansa, acabas de llegar del trabajo.

—¿Tampoco puedo coser? —preguntó.

—¿Bromeas? —Levanté una ceja—. Terminarías con los dedos pinchados como yo y necesito que alguien que me haga la cena.

—Eres una listilla, amor. —Me miró a los ojos con una sonrisa de oreja a oreja—. Me gusta verte así.

—Así, ¿cómo?

—Ilusionada —respondió—. Hace unas semanas no estarías cosiendo unos peluches que vas a regalar a unos perros que los necesitan, sino que te los habrías quedado porque son de Cody.

—Lo sé, pero quedármelos no me ayudaría a avanzar. Creía que eso sería una especie de homenaje, pero no pude estar más equivocada. El verdadero homenaje es darles una segunda oportunidad. Cody siempre estará en mi corazón —una tímida lágrima recorrió mi mejilla—, no necesito todas sus pertenencias para acordarme de él.

—Aunque Cody no esté —me secó la lágrima con el dedo pulgar—, siempre será nuestro pequeño.

Capítulo 24

«Podemos juzgar el corazón de un humano
por cómo trata a los animales»
Immanuel Kant

Quería terminar de coser todos los peluches que Cody destrozó antes de ordenar las tres particiones, aunque había olvidado que tuviera tantos. Dormí apenas unas horas durante la noche, pero eso no impidió que —a la mañana siguiente— Raúl y yo estuviéramos en mitad del salón con todas las cajas que guardábamos en el despacho.

—Cody ha tenido más juguetes que cualquier otro niño —dijo mi marido—. Eso o nosotros tenemos el síndrome de Diógenes.

—Eso es culpa de Cody —añadí—, no nos dejaba tirar nada que le perteneciera. Aunque estuviera guardado en una caja, él lo quería en casa.

—¿Por dónde empezamos? —preguntó, descolocado—. Hay demasiado trabajo.

—Podrías guardar toda la comida, medicamentos, suplementos y golosinas en una caja —sugerí—. Seguro que es lo que más necesitan en una protectora.

—Buena idea, amor.

Abrí una de las muchas cajas. Casi todo lo donaríamos, ya que queríamos quedarnos con lo esencial. Cody era muy selectivo y le gustaba jugar con los mismos juguetes. De hecho, era los que mejor cuidaba. Era consciente de que, si los estropeaba, terminarían olvidados en una caja y eso no era lo que él quería.

—¡Mira lo que he encontrado! —exclamé mientras alzaba una pelota de *rugby* en miniatura. La apreté para que hiciera un pitido—. ¿Te acuerdas?

—Dormimos durante dos semanas con tapones —recordó—, se obsesionó tanto con esa pelota que a veces jugaba por las noches.

—Y luego quedó en el olvido. —La apreté de nuevo para escuchar el sonido—. ¿Qué tendrá este pitido para que los perros se vuelvan locos?

Raúl se encogió de hombros.

—¿Te parece bien que la guardemos? —pregunté—. En realidad, nos reímos mucho.

—Dirás que *tú* te reíste mucho —gruñó—. No fuiste tú

la que mintió al vecino de enfrente a las dos de la madrugada para decirle que no sabías de dónde provenía ese ruido.

—Yo tuve que contener a la bestia que teníamos por hijo para que no la mordiera mientras hablabas con él —recalqué. Le tiré la pelota a Raúl, quien la cogió al vuelo—. Está decidido: nos la quedamos.

Pasamos las siguientes horas ordenando toda la ropa que no nos quedaríamos. Mi madre, años atrás, le regaló un chaleco rosa con brillantitos. A mi padre no le gustaba porque decía que era demasiado *femenino*, pero a Cody le encantó. Tuvo una época en la que solo quería salir con ese chaleco. Sin embargo, como pasaba con casi toda su ropa, al final se decantaba por su chaleco azul marino. Al igual que los humanos, los animales también tenían sus gustos y preferencias. El chaleco rosa sería para donar, pero el azul nos lo quedaríamos.

Todavía conservaban su olor y, al cerrar los ojos, imaginé que lo tenía entre mis brazos. Lo echaba tantísimo de menos... Su ausencia dolía, pero no me quedaba más remedio que sentir todo ese dolor hasta que se convirtiera en alegría por los años vividos.

—Amor —dijo Raúl—, mira lo que he encontrado.

Mi marido alzó unas botas para la nieve, pero tamaño

mini para Cody. Unas Navidades decidimos pasarlas en familia y nos fuimos a una montaña con muchísima nieve. Sabíamos que haría frío, así que hicimos una compra con ropa de nieve para Cody. Aunque él estuviera cubierto de pelo, no estaba acostumbrado a esas temperaturas y no queríamos que enfermara.

—Era la primera vez que Cody vio la nieve… —susurré—. Se ponía muy contento cuando salíamos del *bungalow*.

—Parecía un cervatillo —añadió—. Saltaba, brincaba, se revolcaba… y teníamos que vigilarlo porque se fundía con la nieve.

—Siempre dijimos de volver, pero nunca lo hicimos.

Esa era una de las cosas que más me atormentaban: lo que dejábamos en la lista de pendientes, los «ya lo haremos». Como si el tiempo no avanzara y siempre tuviéramos la oportunidad de hacerlo. Sin embargo, el tiempo no espera para nadie. Ni siquiera para esos peludos que llenan la casa de amor, ladridos y miles de juguetes.

—Ven aquí, amor. —Raúl abrió los brazos mientras ambos nos acercábamos el uno al otro. Lo abracé y me acurruqué en su cuello—. ¿Quieres que paremos?

—No, pero no pensé que sería tan duro. —Me limpié las lágrimas—. ¿Cómo lo haces para no derrumbarte?

—Prefiero quedarme con los recuerdos, supongo que así se hace más fácil. —Me apartó un mechón mojado de la cara—. Yo también lo echo de menos, el piso no es el mismo sin él. Pero, como dijo Gabriel García Márquez, «No llores porque se terminó, sonríe porque sucedió».

—Ahora hablas como Laura. —Me reí mientras me apartaba una lágrima—. Ojalá lo viera como tú.

—Cada persona lo lleva a su manera, pero ya verás como tengo razón. —Sonrió—. Y sabes que siempre la tengo.

—Qué tonto eres, cariño. —Me reí y lo besé en los labios—. ¿Seguimos? Aunque me duela, lo mejor será donar la ropa de nieve. Tengo un bonito recuerdo de esas Navidades, pero nunca volvimos y es un dolor que siempre estará ahí cada vez que lo mire.

—Lo donamos, entonces. Los perros se alegrarán de tener algo calentito con lo que abrigarse en las épocas de frío.

Volvimos a ponernos manos a la obra. No me había dado cuenta de la cantidad de cosas que Cody había acumulado a lo largo de los dieciséis años que llevaba conmigo. Cuando nos mudamos al piso con Raúl, traje todas las cajas que habían en casa de mis padres y tenerlas por los posibles *por si acaso*.

—Amor, ¿este collar no lo perdisteis? —preguntó mi

marido cuando ya casi habíamos terminado.

Alcé la mirada y me encontré con *el* collar. Era el favorito de Cody, pero pensé que lo perdimos en alguno de los paseos por la montaña. Corría tanto que imaginé que se le caería en algún momento. Pero no era así, pues Raúl lo tenía en la mano.

—Pensé que nunca volvería a verlo. —Me levanté para cogerlo entre mis manos. Estaba un poco deteriorado por el paso de los años, pero conservaba su esencia—. Pobre Cody, qué disgusto se llevó cuando pensamos que se perdió.

Fue el primer collar que le compré a Cody con los pocos ahorros que tenía. Era negro y tenía figuras en plata de perros. El colgante era un corazón azul turquesa que combinada con el negro de la tela. De hecho, con ese collar, fue cuando supe que a Cody le encantaban los collares decorativos.

Se lo quitaba a la hora de dormir para que estuviera más cómodo. Sin embargo, al día siguiente, nada más despertarnos, mi niño aparecía con el collar entre los dientes para que se lo colocara de nuevo.

—Y resulta que ha estado aquí todo el tiempo —añadió Raúl—. ¿Cómo habrá llegado hasta aquí?

—No lo sé, pero no me importa —respondí con ilusión—. Ha vuelto a casa.

Capítulo 25

Estábamos delante de *Dogs and Friends*, la protectora que Laura me recomendó. Tuvimos que conducir unos veinticinco minutos hasta llegar a la ubicación, ya que estaba en las afueras de la ciudad. A pesar de llevar toda mi vida en esa ciudad, no sabía que existía esa protectora.

Desde fuera, una enorme valla nos separaba del lugar, desde donde se venían algunos perros. Cuando se percataron de nuestra presencia, los más pequeños empezaron a ladrar en nuestra dirección, como si estuvieran avisando de que unos intrusos habían llegado a su hogar.

Raúl cargaba con dos cajas, mientras que yo solo podía con una, ya que pesaban demasiado. Antes de tocar el timbre, una mujer —de mediana edad— salió de una caseta.

—Bienvenidos a *Dogs and Friends* —nos saludó

mientras se acercaba a la puerta para abrirnos—. Sois Andrea y Raúl, ¿verdad?

—Sí, somos nosotros.

—Traéis un montón de material —dijo con alegría—, seguro que nos será de gran ayuda.

—En realidad, falta una caja más —añadí—, pero pesan tanto que ahora me tocará volver al coche para buscarla.

—De eso nada —dijo mientras salía a la calle y dejaba la puerta entreabierta—. Yo cargaré con ella, es lo menos que puedo hacer.

Cuando Raúl abrió el maletero, la mujer cogió la caja con una facilidad que me sorprendió. Tomé nota mental de que necesitaba hacer más ejercicio si quería llegar a su edad con tanta vitalidad.

—Vamos dentro. —Abrió la puerta y la cerró detrás de nosotros—. Por cierto, mi nombre es Toñi.

Íbamos por un estrecho camino de piedras mientras la mujer nos explicaba el origen de esa protectora. Sus padres le inculcaron el amor por los animales, quienes rescataban a cualquier perro o gato que encontraran y les buscaban un hogar donde jamás serían abandonados. De esa forma, Toñi creció rodeada de animales y aprendió todo lo necesario para seguir adelante con la protectora que sus padres fundaron treinta años atrás.

De repente, un chihuahua negro se interpuso entre nosotros y la caseta.

—Pero, bueno, ¡Pinche! —exclamó Toñi—. ¿Cómo has saltado la valla?

El perro movió la cola y ladró, lleno de alegría.

—Es tan pequeño que se mete por cualquier sitio —explicó—, pero es un osito de peluche.

Los tres entramos en la caseta, la cual resultó ser una especie de despacho. Pinche entró con nosotros y se subió en la única silla que había en el lugar. Aparte de un osito de peluche, parecía el recepcionista de la protectora.

—Hemos dividido las cuatro cajas en alimento, medicamentos, ropa y juguetes —explicó Raúl cuando las dejamos en el mostrador.

—Son muchísimas cosas —Toñi abrió una de las cajas—, aquí tenemos para pasar unos meses sin preocupaciones.

—Es el homenaje que nuestro pequeño se merece —dijo mi marido mientras me cogía por la cintura y me acercaba a él.

Pinche se subió a la mesa, olisqueó las cajas hasta que se alzó —era tan diminuto que no llegaba a mirar su interior— y sacó un peluche. Era el del dragón, el cual tuve que añadir algodón y coser la cola para reconstruirlo. Esa imagen me hizo reír, Pinche y el dragón eran del mismo tamaño.

—¿Has elegido nuevo juguete, Pinche? —le preguntó Toñi—. Es tan grande para ti que podrás usarlo de almohada. —Nos miró—. Muchísimas gracias por esta aportación, están siendo unos meses muy duros en la protectora y esto nos será de gran ayuda.

—Nos alegramos mucho —dije sin apartar la mirada de Pinche, quien ahora lamía al dragón.

—¿Y vuestro perro? ¿Dónde está?

Raúl y yo intercambiamos una mirada. Él me apretó la cintura, sabía que yo todavía no estaba preparada para explicarlo con tanta naturalidad sin derrumbarme en el intento.

—Murió hace unas semanas —dijo—, tenía dieciséis años.

—Oh, vaya —Toñi se llevó una mano al corazón—, lo siento mucho.

Me disculpé con ambos y salí de la caseta. Antes de irme, miré las cajas por última vez. Como si me estuviera despidiendo de todos los objetos que guardaban. Esos objetos que pertenecieron a Cody y que ahora tendrían un nuevo hogar. Aquello fue como si estuviera cerrando una etapa.

En cuanto salí al exterior, cerré los ojos para fundirme con la naturaleza. No quería quedarme con ellos, pues era posible que Toñi preguntara cosas sobre Cody. Estaba avanzando en mi duelo, aunque fueran pasos pequeños, pero había algunos temas que de momento prefería no tocar.

A mi derecha, una valla más baja me separaba de los perros que había por el terreno. No sabía si tenía permiso para hacerlo, pero abrí la pequeña puerta de alambre para entrar. Necesitaba sentarme y respirar.

En cuanto algunos perros escucharon que abría la verja, me miraron. Y yo los miré a ellos. Había de todas las razas, de todos los colores y de todos los tamaños. Me miraban con mucha curiosidad, posiblemente porque era una persona nueva en su casa.

Me senté en el banco y volví a cerrar los ojos.

—¡Hola! —Pegué un brinco del susto y abrí los ojos de nuevo—. Perdona, no quería asustarte.

Una chica joven —de unos veinte años, más o menos— estaba sentada a mi lado. Tenía el pelo, de color rubio oscuro, recogido en una coleta alta. Llevaba una camiseta de *Voluntaria* con el logo de la protectora. Pensaba que Toñi se encontraba sola, no había visto a esa chica cuando entramos.

—¿Trabajas aquí? —pregunté—. Lo siento, pero he

visto el banco y necesitaba sentarme.

—No te preocupes, te he visto entrar con mi madre.
—Me ofreció la mano a modo de saludo—. Soy Bárbara.

—Encantada, soy Andrea.

Nos quedamos en silencio y miré en dirección a un mestizo de beagle que se acercaba a nosotras. Le mandé un beso y, sin invitación, subió al banco para sentarse en mi regazo.

—Él es Poncho, sabe que estás triste y ha venido para animarte —explicó Bárbara. Poncho me saludó con un lametón en la mejilla y me eché a reír por las cosquillas que me hacían sus bigotes—. Es una pasada cómo son capaces de percibir nuestras emociones sin conocernos, ¿verdad?

—Sí —contestó—, Cody también lo hacía.

—Hablas en pasado, así que imagino que ya no está.
—Asentí con la cabeza, no me apetecía dar explicaciones. Imaginé que lo notó, ya que cambió de tema—. Encontramos a Poncho hace dos años. Estaba desorientado, desnutrido y deshidratado. Y tenía una mirada tan tan triste...
—Bárbara acarició la cabeza del perro—, pero ahora eres muy feliz, ¿verdad, mi *Ponchito*?

Poncho contestó con un ladrido.

—Cuando rescatamos a un nuevo perro, Poncho

aparece para hacerle compañía. Como si quisiera presentarle al resto de la manada, y no se separa de él hasta que se integra. —Suspiró—. También se acerca a nosotras cuando ve que no estamos en nuestro mejor momento.

—¿Es muy duro? —Paseé la mirada por el recinto—. Mantenerlos.

—Son perros muy agradecidos y se portan muy bien, es el tema económico lo que se hace duro. El ayuntamiento nos da una subvención, pero no es suficiente para costear todos los gastos. Ya sabes: alimento, veterinario, mantenimiento y esas cosas.

»En esta protectora, entran una media de veinte perros al mes, así que te puedes imaginar a cuánto asciende el gasto. Tenemos voluntarios que nos ayudan a sacarlos a pasear, limpiar el recinto, entre otras cosas; y también socios que nos donan dinero cada mes. Y, bueno, también está mi sueldo. Trabajo en una clínica dental como recepcionista.

—Entonces, ¿tienes dos trabajos?

—Depende cómo lo mires, aquí no cobro nada. Lo hago porque me encantan los perros. Sin embargo, alguna vez he pensado en tirar la toalla. Darle el sueldo a mi madre y desentenderme de este lugar —explicó con los ojos vidriosos—. Es muy duro ver en las condiciones que llegan algunos perros. No entiendo la crueldad humana… ¿Cómo alguien podría hacerle daño a mi Poncho, por ejemplo? —Acarició al perro—. Sin embargo, mi madre no podría continuar con la protectora sin mi ayuda. Y, si te soy sincera, mi vida sería más vacía si no viniera cada día a este sitio con mis chicos peludos.

En más de una ocasión, había discutido con mis compañeros de trabajo cuando me explicaban que para Navidad —o algún cumpleaños— pensaban regalar un perro o un gato a algún familiar. Sinceramente, esa práctica me parecía una falta de respeto. Un perro, un gato o cualquier otro animal no es un juguete que puedes regalar así como así. Adoptar a un nuevo miembro en la familia es mucha responsabilidad, ya que esos animales crecen. No son cachorros para siempre, y es cuando llega el mayor problema en la sociedad animal: los abandonos.

—Ojalá existiera algo, cualquier cosa, para concienciar a los humanos que los animales requieren de un sacrificio, pero es un sacrificio que merece la pena —continuó—. Los animales son los seres más agradecidos que he conocido en mi vida. No les importa si tienes dinero, si vistes ropa de marca, si tienes un buen coche; solo les importas tú. Se preocupan por ti porque eres todo su mundo, pero parece que la gente solo piensa en su propio bienestar.

No hacía mucho, en los informativos, explicaron el caso de un criadero ilegal. Enseñaron imágenes escalofriantes, como una hembra encarcelada en una jaula tan pequeña que apenas podía moverse. Estaba esquelita. La mantenían encerrada hasta que llegaba la época de celo y la reproducían con un macho de su misma raza. Una y otra vez. En cuanto daba a luz, la separaban de sus cachorros y vuelta a empezar.

Todavía se me ponen los pelos de punta cuando pienso en esa perra que nunca había visto la luz del sol desde que nació. Por suerte, aquella noticia tuvo final feliz. Cerraron el criadero, metieron en prisión a los dueños y trasladaron a las hembras a un refugio que se dedicaba a insertarlas en la sociedad.

Pero todavía quedaba mucho camino por recorrer, había miles de criaderos ilegales repartidos por todo el mundo.

—La labor que haces es increíble, Bárbara —dije, ahora rodeada de varios perros que solicitaban caricias—. No puedo decirte que entienda todo el sacrificio que haces, porque nunca lo he vivido, pero esto... —señalé a los perros— es increíble. Puede que no tengan una familia en exclusiva, pero forman parte de una manada que vosotras hacéis posible. Vivir en esta protectora es mucho mejor que estar en la calle, de eso estoy segura.

—Hacemos lo mejor que podemos con los recursos que tenemos. —Se quitó una lágrima. Poncho, tras percatarse, cambió mi regazo por el de Bárbara—. Estoy bien, *Ponchito*, solo me emociona hablar de vosotros.

Los perros empezaron a ladrar en dirección a la caseta, de donde salieron Toñi y Raúl. Ambas nos levantamos y salimos del recinto para reunirnos con ellos, aunque antes me despedí de varios perros que querían unas caricias.

—Veo que ya has conocido a mi hija —dijo Toñi, quien miró a Bárbara—. No te vas a creer todo lo que nos han traído.

Toñi tenía los ojos llorosos, e imaginé que se había emocionado tras ver el contenido de todas las cajas. Aunque, en realidad, Cody trajo esa ayuda. Era parte del homenaje que se merecía por los años compartidos.

—Por cierto, le he dado uno a tu marido, pero quiero darte otro a ti. —Toñi alzó un llavero con la huella de un perro dentro de un atrapasueños—. Son hechos a mano por mi hija, se entretiene en su tiempo libre con ellos. Los vendemos cuando organizamos algún mercadillo solidario. Es nuestra manera de daros las gracias.

—Muchas gracias. —Cogí el llavero—. No hacía falta, pero agradecemos el detalle.

—Vamos, *Barbie*, ayúdame a colocarlo todo. —Ambas nos miraron—. Muchas gracias por todo.

—Ha sido un placer —dijo Raúl mientras nos despedíamos—. Nosotros nos vamos.

Toñi y Bárbara nos acompañaron hasta la puerta que separaba la protectora y la calle. Miré por última vez a los perros que correteaban por el terreno. Parecían felices y jugaban entre ellos. Nunca había estado en una protectora y, aunque me parecía un trabajo duro debido a las circunstancias, era una labor que merecía más reconocimiento.

Cuando salimos al exterior, Raúl me miró.

—Nos he registrado como socios y donaremos una cantidad mensual a la protectora —dijo—. ¿Qué tal estás, amor?

—Ha sido difícil, pero creo que estoy bien.

Mi marido cogió mi rostro con las manos y acarició su nariz con la mía. El cosquilleo me hizo sonreír, y lo besé en los labios.

—Cody estaría muy orgulloso de ti, amor.

Capítulo 26

«Las historias están más llenas de ejemplos de
perros fieles que de amigos fieles»
Alexander Pope

El lunes por la mañana, me desperté más cansada de lo normal. Había dedicado los últimos días a reubicar el nuevo lugar de Cody en mi vida. En parte me sentía satisfecha y realizada, pero eso no quitaba que mentalmente estaba cansada. Necesitaba dormir y obligar a mi cabeza a que descansara unas horas más.

Cuando llegamos de la protectora, sentí que el piso estaba más vacío que nunca. Como Laura me recomendó, nos quedamos con lo esencial y elegimos las cosas que Cody querría tener consigo allá donde estuviera. El peluche *Capitán* descansaba en uno de los muebles del salón, al lado de una fotografía de Cody que ya teníamos con anterioridad.

También guardamos los últimos comederos, ya que eran personalizados con su nombre; aunque Raúl tuvo una idea: colocar uno en la entrada para dejar las llaves ahí. Yo las solía guardar en el bolso nada más entrar por la puerta de casa, pero me pareció muy original. Raúl bromeó con que le dijera a Laura que había inventado una nueva partición: *recolocar*.

Y, cómo no, el collar que creíamos desaparecido. Lo colocamos en el mueble de la televisión, donde teníamos un marco con una fotografía de nuestra boda. Cody y Raúl vestían de traje; en cambio, yo iba con mi vestido de novia. Ese día, Cody nos *permitió* cambiar su collar negro por una pajarita roja. Salíamos los tres, nuestra familia de tres, nuestra familia interespecie.

Aunque Cody ya no estuviera, siempre lo estaría entre esas cuatros paredes. Era su hogar, nuestro hogar. Todo el fin de semana fueron días cargados de emociones, de despedidas, de homenajes. Cogí el móvil y le mandé un mensaje a Laura.

> Lo siento, pero hoy no acudiré a nuestra cita. Ayer estuve en la protectora para donar las cosas de Cody. Mi cabeza necesita descansar, pero te prometo que el miércoles te llevaré café a modo de compensación.

Más te vale cumplir con tu promesa. Nos vemos el miércoles, descansa. Lo estás haciendo genial.

Cuando iba a bloquear la pantalla, recibí un mensaje de Catalina:

Hola, Andrea. ¿Cómo estás? El sábado estuve con mi nuera y me comentó que estabas mejorando, pero que todavía necesitas más tiempo. Te he alargado la baja otros catorce días, la tienes en tu bandeja de entrada.

Gracias, Catalina. Te lo agradezco mucho, nos vemos en dos semanas.

Tras percatarme de que estaba libre de las pocas responsabilidades que tenía agendadas, agradecí que pudiera descansar en lo que quedaba de día.

Bloqueé la pantalla del móvil y me quedé dormida en segundos.

Un fuerte olor a café llegó hasta mi nariz. Mi estómago rugió y me pregunté qué hora sería. Me moría de hambre, pero quería dormir un poco más. Estaba muy a gusto en la cama, así que agarré las sábanas para taparme la cabeza. Sin embargo, *algo* las retenía.

Abrí los ojos y vi la preciosa sonrisa de Raúl, quien sostenía la bandeja de madera para desayunar en la cama.

—Buenos días, amor.

—Buenos días —me incliné para sentarme en el cabecero—, ¿qué hora es?

—Temprano, pensé que tenías cita con Laura y quería darte una sorpresa antes de irte. —Miró su reloj de pulsera—. ¿Los lunes no vas a verla?

—Sí, pero la he cancelado. —Cogí el vaso de café y le di un sorbo—. Estoy agotada.

Raúl se sentó a mi lado y me percaté de que no iba con la ropa de trabajo. Iba a la oficina con traje y corbata por el código de vestimenta, pero ahora vestía unos tejanos y una camiseta sencilla.

—¿No deberías estar en el trabajo? —pregunté.

—Estoy de vacaciones, amor —contestó—. Seré tuyo

durante dos semanas.

—¿Vacaciones? No me habías dicho nada, ¿cuándo las has pedido?

—Hace dos semanas.

—Eso fue cuando llevé a Cody al veterinario —recordé—. No sabías qué iba a pasar.

—Las solicité cuando Julián me llamó.

—¿Por qué?

—Porque quería estar contigo. —Me acarició la mejilla—. Las habría cogido el mismo día, pero ya sabes que en mi empresa tengo que pedirlas con antelación.

—Pero... —una lágrima cayó de mis ojos— no tenías porqué.

—¿Tengo que recordarte mis votos? —preguntó—. «Prometo serte fiel, amarte, cuidarte y respetarte, en lo bueno y en lo malo, en la salud y en la enfermedad, en la riqueza y en la pobreza...».

—«... durante el resto de mis días» —terminé—. Han pasado ocho años y todavía te acuerdas de los votos.

—Ocho no, quince —corrigió—. Que los tuviera que pronunciar bajo juramento no quiere decir que no lo hiciera desde el primer día en que te conocí.

Me acerqué a Raúl para besar sus labios. Sabían a café, pero también a ese amor que sentía por mí. A pesar del miedo inicial a que no le gustara la Andrea introvertida, desapareció por completo con el paso de los días. Año tras año no hacíamos más que confirmar que éramos un equipo en las buenas y en las malas.

Por desgracia, mi vida había sufrido un giro de ciento ochenta grados cuando el corazón de Cody dejó de latir. Puede que mi cuerpo estuviera presente, pero mi cabeza estaba en otra parte. Había descuidado a mi marido y, aun así, continuaba a mi lado para que me aferrara a él a pesar de cómo lo traté.

Cuando quise intensificar el beso, Raúl se apartó. Iba a replicar, pero en su mano descansaba una caja pequeña de color rosa. Era de una joyería, aunque por el nombre no supe identificar cuál era.

—¿Qué es esto? —pregunté sin salir de mi sorpresa.

—Ábrela, amor. —Apoyó la pequeña caja sobre mi mano—. Espero que te guste.

Con los dedos temblorosos, abrí la tapa. Y lo que vi en su interior hizo que mi corazón latiera a una velocidad abismal. No quería llorar, ya que mi visión se volvería borrosa. Y yo solo quería admirar *ese* collar.

Se trataba de un corazón partido por la mitad y, en su interior, había pelitos de Cody. Era una mezcla de sus pelitos rubios y alguna que otra cana blanca que le salió debido a la edad. No podía apartar la mirada. Me había quedado, literalmente, sin palabras. Ese regalo era lo último que esperaba, sin embargo, era perfecto.

—Ahora llevarás a Cody contigo a todas partes —dijo. Tras ver mi silencio, continuó—: ¿Te gusta, amor?

Miré a mi marido, quien tenía una sonrisa entre nerviosa e insegura. Las palabras seguían sin salir de mis labios. Estaba conmovida por ese detalle que no hizo que confirmarme que Raúl haría cualquier cosa por mí. Una parte tangible de Cody siempre estaría conmigo.

Raúl tragó saliva y mi vista fue directa a su mentón. Visualicé una cadena de plata en su cuello, y llevé mi mano hasta el inicio de su camiseta para descubrir qué colgaba de ella. Era la otra parte del corazón partido, también con pelos de Cody. Alcé mi nuevo colgante y lo coloqué al lado del suyo. Encajaban como una pieza única.

Cody no solo estaría conmigo, sino también con él.

—¿Cómo? —susurré—. ¿Cuándo...?

Seguía sin palabras, había olvidado cómo hablar. Solo tenía preguntas, pero también palabras de agradecimiento. El nudo en mi garganta no hacía más que acentuarse.

—Una de las últimas veces que lo llevé a la peluquería,

le pedí a la chica que me guardara unos trozos de su pelo —explicó—. Si te soy sincero, no sabía qué haría con ellos, pero... no sé, quería tenerlos.

»Hace unos meses, un compañero de trabajo me explicó que había guardado parte de las cenizas de su suegra para regalarle un colgante a su mujer, así que le pedí el contacto de la joyería. Quería saber si también los personalizaban con pelos de un animal.

»Y, bueno —atrapó mi mano con las suyas, donde descansaba el corazón completo—, aquí está la prueba.

Me abalancé a Raúl y ambos caímos tumbados en la cama. Me dediqué a darle besos por la cara, aunque también lo estaba bañando en lágrimas. Estaba llorando de alegría por primera vez en mucho tiempo. Mi marido hacía el amago de apartarse, pero su risa resonaba por toda la habitación.

—Por tu reacción diría que te ha gustado —dijo entre risas.

—Es precioso, cariño —afirmé cuando me incorporé—. ¿No es increíble? Nunca se me habría pasado por la cabeza, ni siquiera sabía que era posible personalizar una joya rellena de pelos o cenizas.

—También tenían de leche materna y de arena con agua del mar —explicó—. Ah, y con trozos de un coche. Eso sí que no me lo esperaba.

Volví a dirigir la mirada al corazón que todavía sostenía en la mano. Me daba un poco de pena ponérmelo, ya que no podría mirarlo todo el tiempo como lo había hecho desde que destapé la tapa de la joyería. La sensación de sostener esa joya con un trocito de su pelaje me hizo sentir más viva, como si ahora Cody *sí* estuviera a mi lado. Por la parte de atrás, estaba recubierto de plata y el nombre de mi hijo estaba escrito en una tipografía elegante.

—¿Me lo pones? —pregunté a Raúl, quien cogió la cadena de plata y rodeó mi cuello con sus brazos. Estábamos a escasos centímetros, sin apartar la mirada del otro—. Gracias por quedarte.

—Nunca me habría ido —acercó sus labios a los míos y los acarició con lentitud—, ni siquiera cuando sacas el demonio que llevas dentro.

—Lo siento tantísimo —busqué sus manos para entrelazarlas con las mías sin dejar de mirarlo—, perdóname, por favor.

—Amor, no tengo nada que perdonar. —Me besó—. Si uno cae, el otro está ahí para sujetarlo, ¿recuerdas?

—Me he portado fatal contigo. —Quise apartarme, pero no me lo permitió—. No sé si yo lograré perdonarme algún día.

—Tienes que ser más comprensiva contigo misma. Si a mí no me importa, ¿qué te lo impide a ti? —Volvió a besarme, esa vez más prolongado—. Eres la mujer más maravillosa que he conocido, incluso en tus días malos.

Raúl se encargó a base de besos y caricias de que cualquier sentimiento negativo se marchara de la habitación. No había cabida para ellos, solo para nosotros dos. Nuestras miradas hablaron sin necesidad de pronunciar palabra. Amaba a mi marido con toda la fuerza que mi corazón me permitía. Y comprendí que, al igual que cada uno tenía la mitad del colgante de Cody, nuestros corazones también eran una mitad que se unían cuando estábamos juntos.

Capítulo 27

«A un perro no le importa si eres rico o pobre,
inteligente o tonto. Dale tu corazón
y él te dará el suyo»
Milo Gathema

Como le prometí a Laura, el miércoles me presenté en la consulta con dos cafés y un par de ensaimadas. Me sentía un poco mal por cancelar la cita del lunes, pero mi cuerpo y mi cabeza me pidieron una tregua por el cumulo de emociones. Sin embargo, desde que el colgante de Cody descansaba en mi cuello, algo —no sabría decir el qué— había cambiado en mi estado de ánimo.

—Mi chica favorita —saludó nada más abrir la puerta—. ¿Te puedes creer que el lunes te eché de menos?

—¿A mí o al desayuno? —pregunté en broma.

—A los dos. —Se echó a reír mientras caminábamos a su despacho—. ¿Qué tal te encuentras hoy?

—Mucho mejor. Además, mira —le enseñé el colgante—

, me lo ha regalado Raúl. Son pelitos de Cody.

—Qué bonito —lo miró con los ojos brillantes—, ¿este es el motivo de tu buen humor?

—Sí, pero es extraño. —Nos sentamos en las sillas—. Es como si Cody estuviera conmigo de verdad. Es un poco locura, ¿verdad?

—Para nada —negó con la cabeza—, los humanos tenemos una peculiar necesidad de tocar, ver y sentir. Tu mente dice que, como no ves a Cody, él ya no está entre nosotros. Sin embargo, mirar ese colgante te ofrece la posibilidad de pensar que Cody está presente a través de sus pelitos.

—¿Y eso es malo para el duelo? —Me toqué el collar, asustada—. Me siento segura con él, no quisiera quitármelo.

—No es malo a menos que sea negativo para tu evolución, pero no es la sensación que me da. —Ladeó la cabeza—. Te veo diferente; más contenta, más viva. Pero también te diré una cosa: no necesitabas ese collar para saber que Cody está contigo, él siempre estará aquí. —Posó su mano sobre su pecho, encima del corazón—. Te darás cuenta más adelante, cuando tu situación sea más estable.

—En cuanto a eso, hay un asunto que no para de darme vueltas a la cabeza —me sinceré—. Hay algo que *sí* me da mucho miedo ahora que él no está...

—Cuéntame.

—Nunca me había parado a pensarlo, pero hace unos días vinieron mis padres a visitarme y me acordé de que Cody me ayudó a aceptarme tal y como soy. —Suspiré—. Yo era, y soy, una chica muy tímida. Me cuesta hablar con personas que no son de mi entorno, y, bueno... llegué a pensar que tenía un problema. Pero no era así, solo tenía que aceptar que cada persona tiene su forma de ser y la mía es ser introvertida. Pero ahora que no está... tengo miedo de volver a meterme en la coraza.

—El duelo por el espejo roto —comentó—. Es la imagen que teníamos de nosotros con aquel ser querido y que, cuando ya no está, sentimos que no existe. Es posible que ahora no te apetezca pasear por los mismos lugares que cuando lo hacías con él, o alguna que otra actividad que compartíais. Recuerdas que sacaba lo mejor de ti y te da miedo que esa parte de ti no vuelva nunca más.

»Tú seguirás siendo madre, aunque Cody no esté. Seguirás siendo una esposa maravillosa, aunque Cody no esté. Estoy segura de que eres una fantástica amiga, y lo seguirás siendo, aunque Cody no esté.

—¿Crees que soy buena amiga? —pregunté con ironía—. Ni siquiera sé comportarme contigo.

—Te lo he dicho varias veces y te lo diré las veces que hagan falta hasta que te lo grabes en la cabeza: canalizas todo tu dolor en el sentimiento de la ira porque es más fácil anclarse en un mal hábito que seguir adelante. —Me señaló con el dedo—. Eres buena persona, Andrea. He visto una verdadera mirada de arrepentimiento cuando tu marido te dijo que estaba sufriendo y te has disculpado mil veces conmigo. Y lo haces porque no te identificas con la persona que eres ahora, pero todo esto es momentáneo.

—Aun así, no tendría que haber dicho ni hecho la mitad de las cosas que han pasado estas semanas. Yo no soy así.

—Por favor, Andrea, deja de martirizarte. —Acercó sus manos para entrelazarlas con las mías. Quería que la mirara a los ojos—. Te pedí que te expresaras cuando lo necesitaras para avanzar, y es justo lo que has hecho. Cuando te has dado cuenta de que te has equivocado, has hablado con tu marido para arreglar vuestros problemas. Y conmigo, sinceramente, no tienes nada de que disculparte. —Se encogió de hombros—. A mí se me gana con un buen café y un par de ensaimadas.

Me mordí el labio, insegura. Laura tenía razón. Aun así, la culpabilidad continuaba conmigo. No me gustaba cómo me había comportado desde que Cody se había marchado. Como si, con su muerte, yo también lo hubiera hecho.

—Tienes que encontrar la forma de que, todo el amor que Cody te brindó, aparezca de nuevo en ti. Quédate con todo lo que él te ha enseñado, aunque ya no esté. Es el homenaje más bonito que podrás hacerle.

»Lo conseguirás, pero no es fácil cuando has recibido un golpe tan duro. Y, si te digo la verdad, que hables de Cody con el amor en que lo haces, es imposible que seas mala persona.

Como mi madre dijo, Cody me hizo mejorar como persona. Antes de él, mi vida era un poco oscura a través de mis ojos. Cuando Cody apareció, todo cambió. Me enseñó a disfrutar de los pequeños placeres, como pasear entre la naturaleza. Que podíamos ser felices con el objeto más simple, como una pelota que a mí me encantaba tirar y observar cómo corría a por ella. Pero, ante todo, me enseñó qué es el amor verdadero, ese con el que sabías lo que pensaba el otro con solo mirarnos a los ojos. Me enseñó la vida a través de sus ojos, y todo lo que veía era maravilloso.

Quería volver a ser la persona que era cuando Cody estaba a mi lado. Quizá no sería la misma, pues me faltaba él, pero podía quedarme con todo lo bueno de esas enseñanzas. De esa forma, Cody nunca se iría del todo.

—He tratado a personas que sufren baja autoestima y suelo recomendarles que hagan un ejercicio —continuó—. Les pido que escriban una carta con todo lo malo que ven en sí mismos. Cuando vayan a firmarla, lo hagan con el nombre de la persona más importante de su vida. En tu caso, supongo que es Raúl. —Asentí—. Imagina que Raúl te dice que es muy inseguro, que tiene miedo a defraudar a los demás, que no se siente digno de ser tu marido. Imagina que te dice todo lo que sientes por ti misma. Cierra los ojos, Andrea. —Le hice caso—. Imagina que Raúl está delante de ti. Dime, ¿qué le contestarías?

Guardé unos minutos para pensar.

—Le diría que nadie es perfecto, que todos tenemos defectos, pero que es una persona muy comprensiva. Que es paciente y sabe escuchar. Que a mí me hace la persona más feliz con solo estar a su lado, aunque estemos en completo silencio. —Suspiré—. Le diría que lo amo con sus virtudes y sus defectos, ya que lo convierten en la persona de la que estoy enamorada.

—Tu duelo ha despertado a los fantasmas del pasado, quienes han vuelto para sumarse al dolor de la pérdida —susurró Laura con un tono calmado. Yo todavía seguía con los ojos cerrados—. Quédate con esto, Andrea: Si Cody te quería tanto, si quería estar contigo a todas horas, si adoraba tu presencia, significa que no eres mala persona. Recuerda que los animales tienen un sentido especial para captar a las buenas y a las malas personas, y te aseguro que de las malas se alejan lo máximo que pueden.

»Quédate con esto, Andrea: Si Raúl está contigo, si lleváis quince años juntos y estáis casados, significa que él ha visto en ti a la verdadera Andrea. Y déjame decirte que le encantas, solo tuve que estar una hora con él para ver cómo te miraba. Si continúa a tu lado, incluso en la peor versión de ti misma, es porque sabe que esto es temporal. Y porque no perderá la oportunidad de ayudarte a seguir adelante.

»Y, por último, quédate con esto: A mí me caes bien. Sé que soy tu terapeuta, pero veo muchísima ternura en ti. Me traes café sin tener la necesidad de hacerlo, tú me estás pagando estas sesiones, pero lo haces porque te apetece. Porque eres agradecida con las personas que te ayudan. Y te diré una cosa: ningún paciente, en mis veinte años de profesión, me ha traído café o algún detalle.

Abrí los ojos con la cara bañada en lágrimas. Acudir a la consulta de Laura me estaba ayudando, no solo con Cody, sino también conmigo misma. Cuando era pequeña, mis padres me llevaron a un logopeda para ver qué me pasaba, y este se limitó a decir «Es tímida, no tiene ningún problema» y las sesiones acabaron ahí.

Fue gracias a Cody cuando recuperé mi autoestima. Me miraba con los ojos llenos de amor y agradecimiento, y me daba miedo de que nadie volviera a mirarme como lo hacía él. Como si pudiera leer a través de mí y conocer todos mis secretos. Tenía miedo a enfrentarme a esa nueva vida sin mi compañero.

—Gracias por todo —dije—. Tú a mí también me caes bien, aunque no lo haya demostrado estos últimos días.

—Olvídate de eso, Andrea, y céntrate en lo importante: en quererte a ti misma. No puedes caerle bien a todo el mundo, pero ¿sabes qué? Que ellos se lo pierden. —Hizo un gesto con la mano—. Yo, por ejemplo, soy una persona que no tiene pelos en la lengua y eso me ha llevado algún que otro disgusto con la gente de mi alrededor, pero la vida es así.

»Te pondré unos deberes para la siguiente sesión, como si estuviéramos en el colegio. —Sonrió—. Quiero que le preguntes a Raúl cuatro cualidades que le gustan de ti, ya verás cómo recuperas un poco de esa autoestima.

Capítulo 28

Al salir de la consulta de Laura, me sorprendió que Raúl estuviera fuera. Cuando me marché por la mañana, él todavía seguía dormido. Aunque dijera lo contrario, también notaba que no dormía bien por las noches, así que le pedí —la noche anterior— que no pusiera alarma para despertarse. Ahora que estaba de vacaciones, tenía tiempo de sobra para relajarse y descansar.

—Cariño, qué sorpresa. —Lo abracé—. ¿Qué haces aquí?

—Tengo poco que hacer ahora que estoy vacaciones —me cogió de la mano y empezamos a caminar—, y pensé «¿Por qué no desayunar con mi chica?».

—He desayunado con Laura, pero no me importaría hacerlo una segunda vez.

—¿Qué tal ha ido la sesión de hoy? —preguntó.

—Bien, me ha puesto deberes, aunque en realidad son para ti. —Me sonrojé al pensar en lo que debía pedirle. Hablar de mí era un aspecto que no se me daba nada bien, me creaba mucha inseguridad. Raúl me miraba expectante, a la espera de que continuara—. Quiere que me digas cuatro cualidades que te gusten de mí.

—¿De ti? ¿Por qué? —Me chocó con el hombro a modo cariñoso—. Aunque cuatro me parecen pocas.

Me guiñó un ojo, y yo aparté la mirada. Estaba roja como un maldito tomate. A mi marido le encantaba que actuara de esa manera, como si siempre fuera una primera cita. Yo siempre replicaba, pero él se limitaba a decir «Me encantas así» y mi pequeño enfado se evaporaba en cuestión de segundos.

—Hemos hablado de mi autoestima —confesé.

Entramos en *La Cafetería de Silvia* y nos sentamos en el mismo sitio de siempre. Permitían animales en su interior, por lo que era nuestro lugar favorito para pasar un rato tranquilo con Cody fuera de casa. Era extraño estar ahí sin él, pues disfrutaba de los cariños que Silvia le daba de bienvenida cuando entrábamos por la puerta.

Hacía dos semanas de la última vez que estuve ahí,

cuando la muerte de Cody era muy reciente. No dejaba de pensar en que se había marchado, que nunca más volvería a ser feliz, que se acabaron esos desayunos de domingo con churros y chocolate, que se acabaron las tardes distraídas en las que terminábamos ahí por el simple hecho de pasar más tiempo fuera de casa.

Sin embargo, ahora no me sentía igual. Era cierto que me sentía extraña sin él, pero no era la misma sensación que hacía dos semanas atrás. El mundo no se me cayó a los pies tras pisar el suelo de parqué de la cafetería.

—¿Qué le pasa a tu autoestima, amor? —preguntó Raúl cuando le pedimos el desayuno a Silvia.

—Que soy tímida.

—¿Y te acabas de enterar ahora? —bromeó—. En serio, ¿qué te ocurre?

—Cody sacó lo mejor de mí en todo momento, y ahora que no está... tengo miedo de no volver a ser la misma —confesé—. Tengo miedo de que la Andrea actual sea la definitiva y que la anterior nunca vuelva.

—Cody sacó lo mejor de ti porque lo tenías tan guardado en tu interior que no sabías cómo mostrarte a los demás. —Apretó sus manos contra las mías—. Tuviste una infancia difícil y tenías miedo, por eso Cody te enseñó que no había nada de malo en ser cómo eres.

»Eres una luchadora, amor. Cody se ha ido, pero tú sigues aquí. La vida te ha puesto un obstáculo difícil de soportar y, aun así, sacas las fuerzas para levantarte cada día. Estás acudiendo a una terapeuta para que te ayude a gestionar el dolor. Aunque suene duro, hay personas que prefieren refugiarse en el dolor que afrontarlo. Tú no eres de esas personas, por eso te considero una luchadora.

»Eres buena persona. —Iba a replicar, pero Raúl hizo un gesto con la cabeza para impedirlo—. Estoy haciendo los deberes que la psicóloga de mi mujer me ha pedido, así que silencio. Eres buena persona, amor. No importa lo que hayan pasado estas últimas semanas. Estás superando el duelo de tu hijo, así que deja de culparte.

—Pero no puedo evitarlo...

Hice un puchero y mi marido sonrió.

—Amor, yo te he perdonado. Julián te ha perdonado. Es posible que Laura también. Entonces, ¿de qué te sirve la culpa más que para hacerte daño?

—¿Y Cody? —pregunté con lágrimas en los ojos—. ¿Me habrá perdonado por cómo me he comportado?

Me dedicó una mirada de comprensión, pero también de mucha pena. Se levantó de su silla y se sentó justo a mi lado.

—Amor... —susurró—. Cody, allá donde esté, estará presumiendo de que tiene a la mejor madre del mundo. Que lo quiere por encima de todo, que ha hecho lo imposible para darle una vida feliz, que se lo ha llevado de vacaciones, que ha disfrutado más que cualquier otro ser vivo. Cody nunca se ha enfadado contigo en dieciséis años, así que es imposible que tenga nada que perdonarte.

—A veces... cuando sonrío o soy feliz... pienso que lo estoy traicionando. Acaba de morir, ¿por qué me permito estar bien?

—Porque es lo que Cody querría, amor. —Cogió mi rostro entre sus manos y me acarició las mejillas—. Cody vino a este mundo para enseñarte que puedes ser feliz. Tú lo diste todo por él, pero Cody fue tu maestro. Te enseñó que lo positivo pesa más que lo negativo, que la felicidad está en los pequeños momentos. El verdadero homenaje es aprender de esas enseñanzas que Cody te brindó a lo largo de su vida.

Llevé la mano hasta la cadena de plata de mi cuello y saqué el colgante de Cody. Cerré los ojos y visualicé que Cody estaba ahí, conmigo, y que las palabras de Raúl se quedaban grabadas en mi interior.

—Otra cualidad que me gusta de ti es que sabes escuchar.

—Eso es porque soy tímida —repliqué.

—¿Y qué tiene de malo? —preguntó—. Cada forma de ser tiene su parte positiva y su parte negativa. Nadie es perfecto. Por ser tímida tienes la capacidad de escuchar a los demás y, créeme, es una cualidad que se está perdiendo. La gente está más preocupada en sí mismos que en los demás, pero tú no. Escuchas con el corazón, no con los oídos, y eso te hace expresar una sensibilidad que a mí me encanta. —Notaba las orejas calientes y quise apartarme, pero Raúl continuó con mi rostro entre sus manos—. Me encantas así, amor, tal y como eres.

Besé a mi marido con una sonrisa en los labios. Una parte de mí me susurraba que tenía razón, que ser tímida no me impedía ser una persona normal. Pero la otra... la otra era la destructiva, la que me decía que no era capaz de entablar conversación con un desconocido. Y era cierto, pues hasta que no llegaba a sentirme cómoda, no sacaba a esa Andrea que decía más que monosílabos.

Raúl era diferente a mí. No tenía problemas en mantener conversaciones con cualquier persona, supongo que por eso conectamos tan bien el uno con el otro. De lo contrario, nunca habríamos terminado juntos de no ser porque él me animó a conocerlo mejor. Si hubiera dependido de mí, ahora mismo estaría soltera.

—¿Qué nota me pones? —preguntó al separarnos—. ¿Lo he hecho bien? Ya he sacado cuatro cualidades.

—¿Cuatro? —Alcé los dedos—. Yo solo he contado tres.

—Luchadora, buena persona, saber escuchar y tímida. —Alzó un dedo de los míos para que hicieran otro número—. Son cuatro.

—No tienes remedio.

—Lo sé —me colocó un mechón de pelo detrás de la oreja—, por eso me quieres.

—Por eso te quiero.

Capítulo 29

Raúl y yo pasamos todo el día fuera de casa. Decidimos tachar de la lista todas esas tareas que teníamos pendientes: comprar los materiales para arreglar una gotera de la ducha, cambiar el grifo de la cocina —que también perdía agua—, colocar unos ganchos extras en el cuarto de baño para las toallas, incluso hablamos de cambiar algunos muebles. Y Raúl, con todo su entusiasmo, mencionó de renovar el despacho y añadir un pequeño escritorio para mejorar mi costura. Eso último lo dijo en broma, aunque yo no estaba tan segura.

También comimos en un restaurante que a ambos nos encantaba. Notamos la ausencia de Cody, pero ninguno de los dos mencionó nada al respecto. En ocasiones, yo desviaba la mirada para ver cómo mi pequeño se encontraba...

pero no estaba. Estaba tan acostumbrada a comer con él cuando estábamos fuera de casa que mi subconsciente me jugaba una mala pasada. Me dolía, pero el dolor en el pecho ya no era tan insoportable. Solo soportable.

Tenía que mentalizarme que, por mucho que doliera, esa era mi nueva realidad. Mi nueva vida. Una vida sin Cody.

Después de bebernos el café, decidimos volver a casa. Habíamos salido temprano y no estuvimos quietos ni un segundo. Mi cabeza estaba tan llena de información sobre las *posibles* reformas que apenas me había parado a pensar que era el primer día que no lloraba desde que decidí afrontar el duelo de Cody. No sabía cómo sentirme, aunque sabía lo que Laura diría: «No llorar no es sinónimo de que lo hayas olvidado».

A pesar de que apenas eran las seis de la tarde, Raúl y yo nos pusimos el pijama. Queríamos hacer una maratón de alguna serie que tuviéramos olvidada. Sin embargo, cuando nos tapamos con la manta de Cody —nunca nos habríamos desecho de ella—, Raúl me miró.

—Echo de menos a nuestro niño —susurró mientras acariciaba la manta, que todavía conservaba su olor—. Hoy ha sido un día raro, siempre lo llevábamos con nosotros.

—Supongo que nos acostumbraremos.

Las lágrimas empezaron a descender y conduje mi mano hasta la cadena de plata que descansaba en mi cuello. Saqué el colgante por fuera y lo acaricié.

—Lo siento, amor. —Me abrazó—. No quería que lloraras, es solo que… me apetecía hablar de él. No quería que te pusieras mal.

Nunca había tenido problemas a la hora de hablar de Cody. Tenía miles de anécdotas en la memoria. Y todas ellas me sacaban una sonrisa. Dicen que cada persona es diferente, que no hay dos iguales, y con los animales pasaba lo mismo. Nunca habría otro perro igual que Cody, y por eso me sentía afortunada de que se cruzara en mi camino.

—Duele porque ya no está, pero no por eso quiero que lo convirtamos en un tema prohibido en esta casa —dije—. Cody no se merece eso después de todos estos años juntos.

Raúl y yo compartíamos el mismo dolor. Quizá no con la misma intensidad, pero ambos sufríamos por la pérdida de nuestro hijo. Laura tenía razón cuando dijo que, cuando el dolor era compartido, se hacía más llevadero. Desde que abrí los ojos y supe que Raúl también sufría, esa pérdida se hizo menos pesada. Nos teníamos el uno al otro. Sentir su apoyo, aunque también lo estuviera pasando mal, me hacía sentir más comprendida en el duelo.

El duelo animal existía. Nosotros lo estábamos experimentando en nuestras propias carnes. Quizá algunas personas lo entendían, quizá otras no. Pero el resto del mundo no importaba cuando ambos sabíamos lo que se sentía cuando tu alma gemela peluda se marchaba.

—¿Sabes? Yo nunca pensé en tener un perro —dijo Raúl—. Ya sabes cómo son mis padres, así que nunca tuve animales antes de Cody. Estaba un poco nervioso el día que me lo presentaste.

—¿De verdad? —Asintió—. No lo parecía.

—Estabas ocupada mandándolo callar cada vez que me ladraba. —Nos echamos a reír. Era cierto, no nos íbamos a engañar—. El primer día fue un desastre, admítelo.

—Sí, lo admito. —Cody no era un perro violento, aunque le gustaba enseñar los dientes cuando se veía amenazado—. Yo no le di importancia, él siempre se mostró muy protector conmigo. Aunque pensé que ibas a cortar conmigo tras ver que él no te soportaba.

—Dime que estás bromeando. —Negué con la cabeza—. Amor, a mí me encantan los retos, ya deberías saberlo.

—Teníamos veinte años, ¿qué querías que pensara?

—Iba a ganarme a Cody costara lo que costara. Aunque,

si tenemos en cuenta que quería matarme, tenía sentido…

—¡Eres un exagerado! —lo interrumpí con una sonrisa—. Cody era muy bueno, te lo ganaste al segundo día con las golosinas que compraste.

—Cody te habría vendido a cualquiera si con eso conseguía golosinas ilimitadas.

Le saqué la lengua de forma infantil. A Raúl le gustaba rabiarme con que Cody me dejaría tirada por otra persona que le diera más golosinas que yo. Ambos sabíamos que no era cierto, pero mi lado materno hacia Cody me provocaba unas pequeñas rabietas que siempre terminaban en carcajadas.

—Me encantaba cómo tratabas a Cody —continuó—. Siempre tan protectora, tan madre coraje… Habrías hecho lo imposible por él, y yo no evitaba enamorarme un poco más de ti cada vez que estabais juntos.

—Yo me enamoré de ti porque Cody me dio su permiso, de lo contrario, no estaríamos aquí —bromeé—. Lo que dije en la consulta de Laura, lo de que nunca habría seguido contigo si no hubieras aceptado a Cody, era cierto. Me habría dolido, pero habría sido lo mejor para Cody y para mí.

—Es una decisión lógica.

—¿Tú crees? —pregunté—. ¿No crees que esté loca?

—En absoluto —contestó decidido—. Es el mismo caso que si una madre soltera o un padre soltero empieza a salir con alguien. Si la otra persona no acepta que su pareja tiene un hijo, del que tendría que responsabilizarse si continúan adelante, esa relación no tiene ningún futuro.

—¿Qué he hecho yo para conseguir a un marido tan perfecto? —Lo besé—. Nunca lo había pensado con ese ejemplo, pero tienes razón.

—Siempre tengo razón, amor. —Puse los ojos en blanco y él se echó a reír—. Nuestro caso era el mismo, así que por eso estamos aquí. Cody me puso a prueba para saber si yo era digno de ti, hasta que finalmente fui bendecido por el ladrido de un perro.

En vez de encender el televisor, nos pasamos horas hablando de Cody en el sofá. Lloramos de alegría y de tristeza, y supe que a eso se refería Laura cuando hablaba de un duelo sano. Cody había marcado su pequeña huella en nuestros corazones.

Capítulo 30

A la mañana siguiente, me desperté antes de que sonara la alarma. Raúl no estaba a mi lado. Nunca entendería cómo era posible que fuera tan madrugador; fuera sábado, domingo o festivo. Me levanté con la intención de invitarlo a desayunar en alguna cafetería cercana de la consulta de Laura y que luego me acompañara.

Cuando abrí la puerta de nuestro dormitorio, Raúl estaba vestido y tenía las llaves de casa en la mano. Me miró un segundo y apartó la mirada.

—¿Qué pasa? —pregunté.

—No, nada… —Se rascó la nuca—. Iba a salir un momento.

Algo no iba bien, lo notaba en sus expresiones. Me di cuenta de que había una nota con su letra encima de la mesa auxiliar. La cogí para leerla.

«Amor, me han llamado del trabajo. Solo será un momento, nos vemos luego».

—Dime qué pasa, Raúl. —Arrugué la nota—. Nunca te avisan durante las vacaciones, así que esto es mentira.

Estaba empezando a invadirme un sentimiento conocido. La ira. No solía ser tan irracional, pero desde lo de Cody, cualquier sensación, la mínima que fuera, me hacía estallar. Era cierto cuando dicen que es más fácil enfadarse que aceptar lo que estuviera a punto de llegar.

—Vale, pero no te enfades conmigo. —Se acercó a mí y me cogió por la cintura—. Julián me ha llamado, tengo que recoger las cenizas de Cody.

Me aparté de mi marido. Toda esa burbuja en la que nos vimos envueltos durante la noche anterior —cuando hablamos sin parar de nuestro niño, contando anécdotas, vivencias y experiencias— explotó.

—Amor, mírame. —Negué con la cabeza, las lágrimas ya estaban saliendo de mi interior y no quería que me viera en ese estado—. Lo siento, no quería decírtelo así.

—¿Y cómo querías hacerlo? —reproché—. ¿Hay alguna manera suave de decir que vas a recoger los restos quemados de nuestro hijo?

No quería hablar así, no quería comportarme así, pero

no pude evitarlo. Era consciente de que Cody ya no estaba, que ya no respiraba... y no entendía por qué reaccionaba de esa forma.

—La idea era regalarte un ramo de flores y una caja de bombones antes de decírtelo —confesó mientras me abrazaba y me acariciaba la espalda—. Una buena y una mala noticia.

Negué la cabeza con una sonrisa.

—Mira que eres tonto, cariño. —Me separé un poco de él y mi marido me quitó las lágrimas del rostro—. ¿A qué hora tienes que ir?

—A las once.

—Eso es dentro de dos horas, ¿tanto ibas a tardar en ir a la floristería?

—En realidad iba a hacer tiempo en una cafetería. —Sonrió—. Tú volverías a casa después de la consulta de Laura y yo ya estaría aquí para decirte la verdad.

—¿Tanto miedo me tienes? —pregunté en broma.

Ambos nos echamos a reír.

⌇⌇⌇

—¿*Croissants* con extra de chocolate? —preguntó Laura

tras ver el desayuno—. Está claro que algo va mal.

Me presenté en la consulta con dos cafés y dos *croissants* de chocolate para desayunar mientras estábamos en la sesión. Conocer la noticia de que Raúl estaba —justo en ese momento— yendo a por las cenizas de Cody, me estaba destrozando por dentro.

—Vamos dentro, cielo —dijo con dulzura a la vez que entrelazaba su brazo con el mío—. ¿Hablaste con Raúl para que te dijera las cuatro cualidades?

—Sí.

—¿Y bien? ¿Qué te dijo?

—Me dijo que sabía escuchar, que era buena persona, una luchadora y que le encanta que sea tímida. —Me senté en la silla—. Aunque ahora todo eso me suena a cuento chino, creo que tiene una imagen equivocada de mí.

—Así que ahora estoy conociendo a la Andrea pesimista. —Sonrió—. Creo que me gusta más la que suelta más tacos que palabras por la boca.

Era consciente de que intentaba bromear, pero eso no conseguiría que mi ánimo cambiara. Me encontraba llena de pena. Como si hubiera vuelto al mismo día en que Cody se marchó para siempre.

—Cuéntame qué te pasa, Andrea.

—El veterinario de Cody ha llamado a Raúl para que recoja las cenizas... —Me temblaba la voz—. Y no sé cómo sentirme. No sé si estoy triste, si enfadada, si... es que no lo sé, Laura. No sé nada.

—Es totalmente...

—*Normal*, sí, ya lo sé —la interrumpí—. Mierda, ¿lo ves? Ayer fue un día increíble en mucho tiempo, y hoy... es un asco.

—El duelo no se supera de la noche a la mañana —objetó con tranquilidad—. Todavía estás en pleno proceso, pero me alegra saber que tienes días buenos.

—Estoy retrocediendo, es eso, ¿verdad?

—En el camino del duelo no hay que darles importancia a los retrocesos ni a los avances, solo hay que vivirlo. —Tuve ganas de replicar, pero ella continuó—: ¿Alguna vez has pensado en la muerte?

—A veces, pero solo desde que Cody murió —respondí—. Mi abuelo paterno falleció cuando era pequeña, pero mis padres lo pintaron con que había viajado al cielo y que nunca volvería. Nunca más volvimos a hablar de él.

—Qué horror... —dijo, aunque se tapó la boca al momento—. Lo siento.

—No te disculpes —hice un gesto con la mano—, a

mí tampoco me parece muy correcto.

—Cuando supe que Chloe estaba enferma, mi hijo mayor tenía cinco años y estaba enamorado de ella —explicó—. Así que, un día, hicimos sesión de cine en familia para ver la película *Coco*.

—¿La de Pixar?

—Sí, ¿sabías que trata sobre la cultura de la muerte en México? —Negué con la cabeza—. A mí me criaron como católica y lo único que conocía de la muerte es que, una vez mueres, te entierran y te vas al cielo. Y se acabó.

»Cuando me independicé, dejé de lado la creencia de que la muerte se completa en el cielo. Yo quería pensar que existía algo más, que había un camino nuevo para aquellas personas que ya no estaban entre nosotros. Sin embargo, en nuestra sociedad, tratan a la muerte como si fuera la villana de nuestra vida.

—¿Y no lo es? —pregunté—. Al fin y al cabo, la muerte obliga a que nuestros seres queridos se marchen de este mundo.

—¿Obligar? —dijo con desaprobación—. La muerte es un hecho natural, igual que la vida. No son dos caras de una misma moneda, de hecho, son la misma cara. Nadie es inmortal, así que la muerte no obliga a nadie a marcharse.

Es ley de vida. Sin embargo, nuestra sociedad *sí* que nos ha obligado a ver la muerte como un trauma en vez de una recompensa por todo lo que hemos hecho en vida.

—¿Crees que la muerte es una recompensa? —No entendía esa visión, pero quería entenderla—. ¿Por qué?

—Te pongo en situación: Imagina que un doctor ha salvado más de mil vidas a lo largo de su carrera profesional, pero debe jubilarse porque ha envejecido y sufre párkinson. ¿Tú cómo lo verías?

—Supongo que como algo malo, ya no podrá seguir salvando vidas.

—Pero también podrías verlo como que ha salvado más de mil vidas y que, si él no hubiera estudiado esa carrera, esas personas habrían muerto —expuso, aunque yo me quedé en silencio. Si lo veía a través de sus ojos, la realidad era diferente—. Los humanos tendemos a balancearnos más en lo negativo que en lo positivo, por eso es lógico que lo veas de esa manera, pero en tu poder está cambiar esa visión.

—Pero la muerte es negativa... ¿no?

—Es una etapa más, no es ni buena ni mala, forma parte del ciclo de la vida —explicó—. Por eso quise que mi hijo viera *Coco* cuando supe que Chloe enfermó. Para la cultura mexicana, la muerte no es una tragedia, sino una celebración. Hay música, bailes y banquetes para acompañar a ese ser querido en su recorrido al Mictlán. En el Día de los Muertos, colocan un altar en sus hogares y lo decoran con flores, calaveras de azúcar, el plato preferido del difunto, entre otras cosas. Lo celebran todos los años para sentir la presencia de ese ser querido. La muerte para los mexicanos no es un «adiós», sino un «hasta luego».

»Yo no quería que mi hijo pensara en la muerte como una enemiga, sino como una etapa más en la vida. No quería criarlo de la forma en que lo hicieron conmigo. Así que, cuando la película terminó, mi marido y yo hablamos con nuestro hijo para explicar que eso sería lo que le pasaría a Chloe.

—¿Y qué pasó?

—Al principio lloró mucho. Dejamos que llorara todo lo que necesitara, que hiciera todas las preguntas que se le pasaran por la cabeza. Queríamos que entendiera que la muerte es inevitable y que todos nos iremos tarde o temprano.

—¿Y lo entendió?

—Sí, mi pequeño hombrecito es increíble. —Sonrió—. El día que durmieron a Chloe, mi hijo propuso celebrarlo. Nos fuimos a una heladería y estuvimos hablando durante horas de Chloe, sobre todo él. No paraba de hablar y, aunque a veces se le caían las lágrimas, era feliz por compartir esos cinco años con ella. Nico siempre se refiere a Chloe como «mi hermana mayor».

»El día que nos entregaron las cenizas, las esparcimos a petición suya en una montaña donde Chloe y yo practicábamos senderismo todos los domingos. Nico llevó un dibujo, donde salían ellos dos. Permití que fuera él quien abriera la urna y las esparciera por la colina. Los tres dijimos unas palabras en honor a nuestra Chloe, y ¿sabes que dijo Nico? "Hasta que nos volvamos a encontrar, Chloe".

—Vaya… —susurré con la piel de gallina—. Eso es precioso.

—Mi hijo entendió que la muerte no era el final. —Se le humedecieron los ojos de la emoción. Yo, que había sentido esa historia como la mía propia, tampoco pude evitar emocionarme—. ¿Ves? —Se señaló los ojos, llenos de lágrimas—. Llorar es inevitable. Echo de menos a Chloe, pero sé que todavía está conmigo. No la puedo ver, pero sí sentir. Y ella siempre seguirá viva en mi corazón, en el de mi hijo y en el de mi marido.

No sabría decir quién de las dos lloraba más. Era consciente de que Cody seguía en mi corazón, y también en el de Raúl. Siempre lo estaría. Nunca nos olvidaríamos de nuestro pequeño hijo, quien estuvo presente a lo largo de muchos años y en los momentos más importantes de nuestras vidas. Compartimos cada experiencia con él. Y él compartió su vida con nosotros.

—El amor no termina con la muerte, Andrea —dijo mientras me ofrecía un pañuelo—. No pasa nada por llorar. Cuando lloramos, nos liberamos de una carga. Y duele, claro que duele. Pero debemos mentalizarnos que la muerte es un camino más en la vida. La autora E. A. Bucchianeri dijo «El duelo es el precio que pagamos por el amor» y, si te soy sincera, prefiero pagar ese precio que no compartir todas esas aventuras con Chloe por miedo a sufrir su pérdida.

»¿Y tú, Andrea, qué prefieres?, ¿vivir esos dieciséis años con Cody, aunque llegara el final?, ¿o vivir sin él y evitar este sufrimiento?

No tenía ninguna duda.

—Cody —respondí—, siempre elegiré a Cody.

Capítulo 31

«Durante la mitad de mi vida conviví con perros,
y de ellos he aprendido mucho de cuanto sé (o creo saber)
sobre las palabras amor, desinterés y lealtad»
Arturo Pérez-Reverte

Estaba en una sala totalmente blanca. No había ventanas, ni ninguna puerta. Nada que me indicara dónde estaba. Todo estaba vacío, sin muebles. Solo estaba yo, de pie, sin dejar de mirar a todas partes. No había nadie más conmigo.

Y, de repente, escuché el ladrido de un perro. Un ladrido que conocía a la perfección. Era el mismo que me despertaba por las mañanas cuando me quedaba dormida, el mismo que me pedía paseos cuando era la hora de salir, el mismo que me exigía cuando quería mimos.

Era el ladrido de Cody.

Un rayo de luz me impidió continuar mirando hacia el lugar de donde procedía el sonido más bonito del mundo.

Entrecerré los ojos y, aunque veía borroso, aprecié que un ser pequeño se acercaba a mí.

Cuando mi vista se acostumbró a esa claridad, caí de rodillas tras ver quién se acercaba a mí. Las lágrimas caían a una velocidad vertiginosa. Me limpié los ojos, necesitaba comprobar que la imagen de Cody era real.

Y así era. Cody corría en mi dirección, sin dejar de ladrar. Estaba bien. Estaba... sano. Nada quedaba de esos últimos días en los que no podía levantarse del sofá o de su cama. Nada quedaba de esos gemidos de dolor. Nada quedaba de ese hijo que tuvimos que dormir porque había llegado su hora.

Cody se abalanzó a mis brazos y yo lo estreché con fuerza. Él no replicó, sino que se dedicó a lamerme la cara para quitarme todas esas lágrimas que me impedían verlo lleno de vida.

—Mi niño... —susurré—, eres tú.

Cody ladraba sin parar. Estaba feliz. Y yo también. Y poco me importó dónde estuviéramos, solo que estábamos juntos. Otra vez.

—Te quiero tantísimo, mi pequeño. —Acaricié su suave melena—. No sabes cuánto te echo de menos.

Cody se movía sin parar de lo nervioso que estaba.

Movía la cola, ladraba y me seguía lamiendo la cara. Cambié las lágrimas por risas debido a las cosquillas que sus bigotes me hacían en el cuello.

Cerré los ojos mientras inhalaba el olor de mi niño. Llevaba tres semanas sin verlo, sin hablar con él, sin acariciarlo. Llevaba tres semanas en un estado que parecía una auténtica pesadilla. Pero ahí estaba, mi Cody, conmigo.

Cuando abrí los ojos, el rayo de luz había desaparecido. Percibí movimiento por todas partes. Escuchaba multitud de sonidos. Ya no estaba en la habitación blanca. La naturaleza me dio la bienvenida a un lugar que desconocía. Era una especie de prado con mucho terreno, adornado con hierba fresca y algunos árboles. Me levanté con Cody en mis brazos y observé ese nuevo paisaje.

Cody y yo estábamos rodeados de perros, de gatos, de pájaros y cientos de animales diferentes. Todos corrían. Algunos jugaban con una pelota, otros con un peluche; incluso había un río donde varios peludos se daban un baño.

Los observé. Todos, al igual que Cody, estaban llenos de vitalidad. Ninguno estaba enfermo, ninguno presentaba algún resquicio de vejez.

—¿Dónde estamos? —pregunté a Cody, quien movió su cola—. ¿Aquí es donde vives ahora?

Cody saltó de mis brazos y ladró mientras miraba detrás de mí. Me di la vuelta y allí, ante mis ojos, había un arcoíris. Era el arcoíris más hermoso que había visto nunca. En los arcos se apreciaba cada uno de los siete colores. Estaba lleno de luz y de fuerza. Esa imagen calmó mi corazón herido. Me sentía en paz, tranquila. Era feliz.

Mi hijo y yo nos miramos al unísono. Me agaché para acariciarlo, nunca me cansaría de hacerlo. Notaba el tacto de su pelaje, escuchaba el latido de su corazón, veía el brillo de sus ojos.

Cody se apoyó en mis piernas y me dio un último lametón en la mejilla antes de salir corriendo para meterse en el río. Y yo me quedé en el mismo sitio. No paraba de admirar la belleza que el ojo humano me proporcionaba. Cody y el arcoíris.

Abrí los ojos con el rostro lleno de lágrimas. Estuve unos segundos desubicada, sin embargo, no tardé en darme cuenta de que estaba en mi dormitorio. Raúl dormía a mi lado. Y despertarme de ese sueño me obligó a mentalizarme de que todo había sido fruto de mi subconsciente.

Nada había sido real, pero me negaba a creerlo. Tenía que significar algo.

—¿¡Cody!? —lo llamé desde la cama. Me levanté y corrí hasta el salón, en busca de mi hijo—. ¿Cody? ¿Dónde estás?

Lo busqué por la estancia, pero su cama no estaba en el lugar de siempre. Fui a la cocina, y tampoco estaban sus comederos. No había ni rastro de Cody.

—¿Cody? —volví a llamarlo con el corazón roto—. Mi niño... ¿dónde estás?

Aquello no podía estar pasando.

Caminé de nuevo hasta el salón con un insoportable dolor en el pecho. Y, entonces, todo estalló por los aires. Aquel sueño solo había sido una ilusión que no quería aceptar.

Caí de rodillas enfrente de la mesa auxiliar, donde descansaban los restos de Cody. La urna con sus cenizas estaba ahí. Un recordatorio tangible de que Cody ya no estaba entre nosotros.

Abracé la urna negra entre mis brazos y cerré los ojos. Los cerré con fuerza y deseé volver a ese sueño donde mi hijo estaba lleno de vida. Quería volver a acariciarlo. Aquel sueño había sido tan real...

—¿Amor? —Raúl se arrodilló a mi lado—. ¿Qué ha pasado?

Mi marido me quitó la urna de los brazos. Yo me resistí, pero al final me rendí y busqué el refugio en su abrazo. Temblé, lloré, grité. Todo estaba siendo demasiado para mí.

—¿Has soñado con Cody? —preguntó, a lo que yo asentí con la cabeza—. ¿Quieres hablar?

No, no quería hablar; lo que quería era volver a cerrar los ojos y transportarme a ese lugar donde la naturaleza y la paz estaban presentes a cada segundo. Y Cody... Cody estaba allí.

—Cody estaba vivo, cariño. —Acaricié la yema de mis dedos con el pulgar, todavía podía sentir el cosquilleo de su pelaje—. Todo era verde, había muchísimos animales y... ¡vi un arcoíris!

Los ojos de Raúl se llenaron de emoción.

—¿Crees que Cody ha querido mandarte un mensaje? —preguntó—. La urna está aquí desde ayer y... no sé, no creo que se trate de una casualidad.

Los sueños solo eran unas imágenes que nuestro subconsciente nos enviaban cuando estábamos dormidos. El deseo de reencontrarte con aquello que habías perdido. Cody no quería mandarme ningún mensaje. Ni siquiera era real, por mucho que lo pareciera. El Cody que yo recordaba no comía, no bebía, ni siquiera podía caminar. El del sueño no era Cody, solo una ilusión que deseaba que se hiciera realidad.

—Cariño, solo era un sueño. —Acaricié su mejilla para apartar una lágrima—. Un sueño muy real, pero... no lo era.

—Pero ¿y si lo era? —preguntó desesperado—. Quizá quería comunicarse contigo para...

—No —lo interrumpí—, solo era un sueño. Solo eso.

—Pero...

—Por favor, Raúl —volví a interrumpirlo—, déjalo.

Me levanté del suelo y fui directa al dormitorio. No quería hablar del tema. No quería que la ilusión que había nacido en Raúl recayera en mí. No creía en los sueños, ni en el más allá. Aquel mágico sueño fue fruto de mi subconsciente. Echaba de menos a Cody, y mi maldito subconsciente quiso gastarme una broma pesada.

Capítulo 32

«A este lado del cielo hay un lugar llamado Puente del Arcoíris. Cuando muere un animal que ha estado unido a alguien, viaja al Puente del Arcoíris. Hay prados y colinas para que todos nuestros amigos puedan correr y jugar juntos. Hay infinita comida, agua y sol, y nuestros amigos están cálidos y cómodos. Todos los animales que estuvieron enfermos o ancianos recuperan su salud y su fuerza, los que fueron heridos mejoran y son más fuertes, tal y como los recordamos antes de ir al cielo. Están felices y contentos, excepto por un pequeño detalle: cada uno extraña a alguien muy especial para ellos que tuvo que dejar atrás. Todos corren y juegan juntos hasta que, un día, de repente, uno se detiene y mira a lo lejos. Le brillan los ojos y su cuerpo tiembla. Se aleja de la manada, corriendo sobre la hierba, sus patas lo llevan cada vez más rápido. Cuando os volvéis a encontrar de nuevo, os fundís en un abrazo que no os volverá a separar nunca más. Ambos lloráis. Tus manos vuelven a acariciar su cabeza y miras de nuevo a sus profundos ojos, unos ojos que se marcharon hace mucho tiempo, pero que nunca se ausentaron de tu corazón, para cruzar juntos el Puente del Arcoíris[1]».

—Cariño, eso lo ha podido escribir cualquiera.

Raúl llevaba todo el día con el portátil en el regazo. No le pregunté qué hacía, ya que yo llevaba el mismo tiempo en el sofá. A veces veía la televisión, a veces me quedaba dormida. No tenía ganas de levantarme, tampoco de salir de casa. Sin embargo, mi marido estaba enfrascado en alguna cosa y no abrió la boca hasta que empezó a leer ese relato.

—Sí, la autora lo escribió cuando tenía diecinueve años —respondió—. Su perro Major murió.

—¿Lo ves? —repliqué—. Eso no explica nada.

---

[1] *The Rainbow Bridge* (1959) por Edna Clyne-Rekhy.
Traducción realizada por Sandra Moya —la autora— y Jonathan Centeno.

—Amor, pero ¿y si ella soñó lo mismo que tú? —Se quitó las gafas para frotarse los ojos—. Nunca has oído nada de esta leyenda, ¿no? No puede ser una simple coincidencia.

—Es una coincidencia, solo eso —susurré—. Ese puente no existe.

Me incorporé en el sofá y me senté al lado de mi marido. Estaba cansada de estar tumbada, aunque en realidad estaba cansada de mi propia existencia. Aquel sueño, lejos de reconfortarme, me había destrozado.

—¿Por qué siempre tienes que ser tan cabezona?

—¿Y tú por qué siempre tienes que ser tan insistente?

Ambos nos miramos y, en apenas unos segundos, nos echamos a reír. Éramos completamente opuestos. El día y la noche. La luz y la oscuridad. Supongo que por eso nos complementábamos tan bien. Lo que a uno le faltaba, el otro lo añadía. Aunque, desde la muerte de Cody, parecía que nos habíamos intercambiado los papeles.

—Ahora en serio, amor —me cogió la mano—, ¿por qué no abres un poco tu mente? ¿Por qué tienes tanto miedo?

—Yo no tengo miedo.

—Estás acojonada, a mí no me engañas. —Me besó en la frente—. Te da miedo pensar en la posibilidad de que ese sueño sea real.

—Cody está muerto, cariño. —Señalé la urna, que todavía descansaba en la mesa auxiliar—. Ahí tienes la prueba.

—Cody no está en cuerpo presente, pero sí aquí. —Se tocó el pecho, justo en el corazón—. No es descabellado pensar que ha venido a visitarte. ¿Quién te dice que en realidad existe el cielo y el infierno?

—No sé... ¿La *Biblia*? —pregunté.

—Sí, vale, la *Biblia*. Pero, aun así, hay mucha gente no cree ni una palabra de ese libro —objetó—. Todo es cuestión de saber en qué crees tú, no los demás.

—¿Por qué ahora hablas como Laura? —bromeé—. No sé para qué me gasto el dinero con ella, ya te tengo a ti.

—Laura sabe de lo que habla, yo solo soy una persona que le gusta creer que los muertos no se van del todo.

—¿Desde cuándo? —pregunté—. Nunca te he oído hablar de nada parecido.

—Desde que Cody murió —respondió—. Al igual que tú, nunca me he enfrentado a la muerte, pero desde que Cody se marchó... supongo que me ayuda saber que él siempre está con nosotros, aunque no sea en un plano físico.

—No lo sé... —dudé—, no creo que yo lo vea así.

—Si yo hubiera tenido ese sueño, ahora mismo estaría dando volteretas por todo el piso. —Chocó su hombro contra el mío para picarme—. A ver si al final resultará que yo lo quería más que tú.

—Eso ni lo sueñes.

Raúl volvió la vista a su portátil.

—He leído que ese tipo de sueños se les llama «sueños de visitación» —explicó—. ¿Fue muy real?

—Demasiado real, como si hubiera resucitado —contesté con el corazón a mil por hora—. Pude tocar su pelaje. Incluso, cuando me desperté, sentí como si esa caricia hubiera ocurrido de verdad. Todavía notaba el cosquilleo en los dedos.

—¿Cody estaba... —tragó saliva— feliz?

Los ojos de mi marido se volvieron cristalinos. Y yo no pude evitar sentirme como él. Raúl creía que Cody se había colado en mi sueño para transmitirme un mensaje, pero me daba miedo que eso fuera un indicativo de que nunca superaría su muerte.

—Estaba muy feliz, cariño. —Le acaricié la mejilla para apartarle una lágrima—. Corría, ladraba, jugaba... Estaba lleno de vida.

—¿Sabes qué? Me da igual que no haya estudios que lo corroboren, pero mi instinto me dice que ese sueño era real. Cody y tú estabais unidos a un nivel emocional muy fuerte. No pudiste despedirte, y él tampoco. Todo ocurrió demasiado rápido.

—¿Crees que quería despedirse?

—Creo que quería transmitirte que está bien, pero que también está preocupado por ti. Cody nunca dejaba que estuvieras triste.

—Eso es cierto —recordé—, no se separaba de mí cuando notaba que estaba desanimada.

—Dicen que el perro es el mejor amigo del hombre porque son fieles, leales y su compañía es única. Pero ¿y si hay algo más? ¿Y si la conexión que nace entre humano y animal es tan fuerte que incluso traspasa la barrera de la muerte?

—Cariño —me reí por su insaciable curiosidad—, ¿cuánto llevas leyendo del tema?

—Todo el día —sonrió—, no quiero que ese sueño te cause ningún mal. Sé por lo que estás pasando, Cody también era mi hijo.

—Al principio no entendía por qué actuabas de esta forma —me sinceré—, pero ahora sí: necesitabas que uno de los dos se mantuviera a flote durante la tormenta.

—Si uno cae, el otro está ahí para sujetarlo. —Me besó en los labios—. Te quiero, amor.

—Yo también te quiero. —Apoyé mi frente contra la

suya—. Gracias por sostenernos cuando yo no podía hacerlo.

—Lo haré todas las veces que hagan falta. —Volvió a besarme, esa vez con más pasión—. Ahora que has abierto tu mente, ¿quieres saber más sobre el mundo onírico?

Escuché a mi marido durante horas sobre toda la información que había encontrado en Internet. Me leyó relatos de otras personas que también soñaron con su peludo fallecido. Una pizca de esperanza se instaló en mi pecho. Me sentí más liberada, más comprendida. Cada relato reflejaba la conexión y el amor que tanto el humano como el animal sentían el uno por el otro. Como Cody y yo.

También me leyó una especie de tesis que una psicóloga escribió para su final de grado. Ella también había perdido a su perro, su compañero de vida. Aunque no hubiera estudios específicos, donde se demostraban que los sueños eran reales, ella quería indagar en el tema. Si existían investigaciones científicas sobre las visitas de humanos fallecidos, ¿por qué no también con animales? Explicaba que había soñado en varias ocasiones con su perro y que la había ayudado a superar su muerte. Los sentía tan reales, tan tangibles, que se despertaba con una sonrisa por esa vivencia única. No solo la acompañaría durante los catorce años que vivió, sino que lo haría para siempre.

Si lo pensaba con perspectiva, no tendría por qué sorprenderme que Cody volviera a mí. Tanto él como yo hicimos lo imposible para que el otro siempre estuviera bien. Y eso era lo que Cody quiso transmitirme. Que él estaba bien, que jugaba con otros perros y que dormía con el calor de su nueva manada. Que me esperaría el tiempo que hiciera falta, pero que, hasta que ese día llegara, viviera cada día con su recuerdo en mi memoria. Igual que él haría conmigo, pues nada —ni siquiera la muerte— nos separaría.

Capítulo 33

«La próxima vez que mires a los ojos de un animal,
mira en su interior. Verás su belleza y sentirás su alma»
Anthony Douglas Williams

Ese día se cumplían tres semanas desde que Cody falleció. Un día más, una semana más. El tiempo pasaba muy lento para mí, pero rápido para los demás. Todos hacían su vida como si nada hubiera pasado, pero para mí había pasado *todo*. Seguía sin entender cómo mi estado de ánimo subía y bajaba como le apetecía, aunque quería mentalizarme que era *normal*. Laura había repetido esa palabra en tantas ocasiones que la llevaba tatuada en la cabeza.

Tres semanas en las que mi corazón latía con fuerza, pero también despacio... como si, en cualquier momento, fuera a dejar de funcionar. O, al menos, así lo sentía yo. Cody se había llevado parte de ese órgano cuando se marchó. No conseguía seguir adelante por mucho que me esforzara, aunque Laura y Raúl me dijeran que sí. Yo no veía esos avances por ningún lado.

Caminaba hasta la consulta de Laura con dos cafés y dos *croissants* de chocolate. Había cambiado las ensaimadas por el chocolate, ya que decían que tenía efectos antidepresivos. Quizá fuera efecto placebo, pero me sentía mejor después de ingerirlo.

—Buenos días, Andrea —saludó mi terapeuta en cuanto abrió la puerta. Miró ese desayuno que se había convertido en una rutina para ambas—. Voy a tener que apuntarme al gimnasio como sigas trayendo esos *croissants*.

—Supongo que prefiero ahogar las penas en chocolate que en alcohol.

—¿Solo comes cuando vienes aquí? —Asentí—. ¿Y no será que te sientes mejor después de desahogarte conmigo?

—Menudo ego con el que te has levantado, ¿eh? —bromeé.

Ambas nos echamos a reír. A pesar de que al principio la trataba como una profesional, ahora era como si fuera una amiga más. Le había cogido confianza, me sentía bien cuando hablaba con ella. Como si fuera la voz de una razón que yo no vislumbraba. Como si supiera qué palabras decir para que yo me percatara de algo que estaba escondido en mi interior.

—Puesto que ya nos vamos conociendo —dijo en cuanto se sentó en su silla—, ¿qué ha pasado esta vez?

Le di un sorbo a mi café y disfruté de su característico sabor amargo. Yo lo bebía sin azúcar, ya que borraba el verdadero sabor de la bebida. Nunca entendería cómo Raúl podía echarle dos sobres de azúcar a un expreso.

—He soñado con Cody —respondí, todavía mirando el envase de mi café.

—¿Y qué pasaba en ese sueño? —preguntó—. Por tu cara, imagino que no sería agradable.

—En realidad... —suspiré—, fue muy bonito. Cody estaba vivo, corría, ladraba, buscaba mi mano para que lo acariciara. Fue como un sueño hecho realidad después de esta pesadilla.

—¿Y tu malestar es...? —Dejó la pregunta en el aire para que respondiera.

—Que no sé si era real. —Levanté la vista para mirarla—. No quiero pensar que solo fue eso: un sueño.

—Los sueños, por regla general, son un espejo de nuestra salud actual; ya sea mental, física o emocional —explicó—. Soñar con un familiar que ha fallecido recientemente suele ser una especie de visita por parte de este.

—¿Tú también crees que Cody me visitó? —Negué

con la cabeza—. Raúl y yo hemos hablado del tema, pero… no sé qué creer.

—Cody no está físicamente, pero si tenemos en cuenta la relación emocional que manteníais cuando él vivía, no es de extrañar que él viva en ti. —Se cruzó de brazos—. Cody sabe que lo estás pasando mal, así que ha querido aportar su granito de arena en tu recuperación.

Las manos me temblaban y me sudaban, así que las limpié en mis tejanos. Apenas habían pasado unos minutos desde que entré en la consulta haciendo bromas, y ahora mi cuerpo había reaccionado con mucha ansiedad. Tenía miedo de que Laura borrara esa pequeña ilusión que habitaba en mi interior al pensar que Cody había venido para visitarme.

—Quiero que cierres los ojos y respires —susurró, a lo que hice caso—. Cuéntame, ¿estabas tranquila en ese sueño?

—Sí.

A pesar de la sorpresa inicial de encontrarme en una habitación blanca, mi cuerpo parecía que volaba sobre una nube. Estaba *encerrada*, pero no sentí que tuviera que alarmarme.

—¿Eras feliz? —preguntó—. ¿Cody estaba feliz?

—Sí, los dos. Cody apareció de repente y saltó a mis brazos. Lo abracé mientras él no paraba de lamerme la cara.

Mis ojos no creyeron que viera a Cody. Tuve que parpadear en varias ocasiones para admitir que era él, que era real. Si no fuera por esas canas que le salieron durante sus últimos años, habría pensado que se trataba de un Cody más joven. Corría con una vitalidad que hacía tiempo que no veía en él debido a su vejez.

—¿Estabais solos? ¿Raúl estaba con vosotros?

—Al principio estábamos solos, pero después nos trasladamos a una pradera llena de animales.

—¿Qué sentiste en esa pradera?

—Mucha felicidad. —Sonreí—. Los animales me transmitieron su energía, como si yo volviera a tener cinco años y solo quisiera jugar todo el tiempo.

La pradera era tan grande que no veías el final de esta. La hierba era tan fresca que, si te parabas a apreciarla, podías percibir su olor. Los pájaros cantaban y juntaban su piar con el sonido del agua que se encontraba en el río. Era una maravilla de paisaje.

—¿Cody hizo algo que llamara tu atención?

—Había un arcoíris detrás de nosotros, pero yo no me di cuenta hasta que Cody ladró en su dirección. No sé por qué quería que lo viera. Era precioso, se veían todos los colores. Nunca había visto nada igual.

—Así que estuviste en el Puente del Arcoíris. —Abrí los ojos de repente—. Veo que no iba mal encaminada.

—Pero ¿cómo es posible que...?

—¿Que supiera lo que has soñado? —preguntó—. Yo también he estado ahí con Chloe.

—Fue escrito por una mujer que sufrió lo mismo que nosotras —expliqué—. ¿Es posible que ese lugar sea real? Podría ser un simple relato para aliviar su dolor.

—Yo creía lo mismo que tú, pero mi hijo Nico también soñó con Chloe en esa misma pradera.

Me había quedado sin palabras después de esa confesión. No solo había soñado yo con ese arcoíris, sino también Laura y su hijo. Ya no se trataban de conjeturas como creía en ocasiones, sino que cabía la pequeña posibilidad de que fuera real. ¿Era posible que existiera ese lugar, aunque solo fuera en sueños?

—Estoy segura de que Cody quería transmitirte un mensaje —continuó tras ver mi silencio—. Quería que supieras que está bien y, por lo tanto, tú también deberías estarlo.

—Pero ¿cómo volvió de entre los muertos para verme?

—El amor, Andrea —respondió con una sonrisa—. El amor es el sentimiento más poderoso que existe. Ya te he dicho en más de una ocasión que el amor no desaparece porque alguien muera. Cody y tú vais a estar unidos para siempre, aunque sea en diferentes planos astrales.

—Entonces, ¿es cierto? —pregunté con lágrimas en los ojos—. ¿Me ha visitado?

Laura no me contestó, sino que se levantó al mismo tiempo que yo para abrazarme. Apoyé la cabeza en su hombro y rompí en sollozos. Lloraba con desesperación, pero me sentía en paz. Estaba feliz. Si aquello era cierto, si Cody se había comunicado conmigo, era el mayor regalo que me había hecho en la vida. Siempre me preocuparía por su bienestar. Con aquel sueño, me enseñó que estaba bien y que era feliz. Y que yo también debía estarlo. Estaríamos unidos por ese hilo rojo del que tanto hablan; ese hilo rojo que nunca se rompe sin importar el sitio o el tiempo, solo se extendía.

Capítulo 34

«Los perros son nuestra unión al paraíso.
No conocen el mal ni los celos ni el descontento.
Sentarse con un perro en la ladera de una montaña
en una tarde gloriosa es volver al Edén,
donde no hacer nada no era aburrido: era paz»
Milan Kundera

UNA SEMANA DESPUÉS

Raúl y yo caminábamos de la mano mientras subíamos la pendiente de la montaña. El sol bañaba nuestros rostros. La brisa era perfecta. Íbamos en silencio, disfrutando del paisaje que la naturaleza nos regalaba. Escuchaba el piar de los pájaros que se escondían por los árboles. Estábamos solos, ya que habíamos elegido una hora concreta para realizar ese acto en la más absoluta intimidad.

Mi marido llevaba una mochila, donde cargaba la urna con las cenizas de nuestro pequeño. Había llegado el momento.

Habíamos pasado toda una semana para decidir qué haríamos con los restos de Cody. En ocasiones decíamos que se quedaran en casa, en su hogar. Pero, en otras, creíamos que lo mejor sería esparcirlas en un lugar donde sabíamos que Cody disfrutaba con nosotros, con su familia.

Así que, al final, tomamos la segunda opción como la correcta. Era lo que Cody habría querido. Esa montaña era la elegida, ya que significaba mucho para los tres. Era nuestro sitio favorito para hacer senderismo cuando teníamos ganas de caminar durante horas, donde Cody disfrutaba como un cachorro. Corría sin parar, ladraba de alegría. Incluso, cuando Raúl y yo estábamos exhaustos, él nos pedía que le tiráramos la pelota para continuar con su actividad. Aunque, cuando no podía más, se tumbaba a nuestro lado y disfrutaba de los rayos de sol sobre su pelaje.

Raúl y yo nos sentamos en la misma roca donde, años atrás, mi marido sacó mi fotografía favorita con mi hijo. Esa misma fotografía que habíamos revelado esa semana para colgarla en la pared que había sobre el televisor. Raúl decía que reflejaba el amor que nos profesábamos. Un amor que no entendía de especies, de razas o de sangre. Un amor verdadero. Cody fue, es y será el amor de mi vida.

Las lágrimas empezaron a salir, pero me negué a retenerlas. Laura me había enseñado que debía exteriorizar todo lo que sentía. Y Raúl me había enseñado que podía mostrarme tal cual me sentía en cada momento, ya que él no me juzgaría. Podía reír a carcajadas, pero romper a llorar al segundo.

Y yo aprendí que no era malo llorar o sentir dolor por la ausencia de mi pequeño. Todavía quedaba mucho trabajo por delante hasta que mis lágrimas se convirtieran en más alegría que pena. Lloraría, claro que lloraría. Lo echaría de menos hasta que nos volviéramos a encontrar, y eso me obligaría a pensar en él entre lágrimas, pero debía recordar que la vida era momentánea y que todos, tarde o temprano, nos vamos de este mundo. Y, entonces, me reencontraría con el amor de mi vida. Con Cody.

—Amor, me gustaría decir unas palabras antes de... —Raúl se calló, sabía a qué se refería—. ¿Te importa?

Negué con la cabeza, las lágrimas no me dejaban hablar. Raúl sacó la urna negra de la mochila con las manos temblorosas. Lo cogí de la camiseta para que se acercara a mí y lo besé. Era incapaz de pronunciar palabra, pero quería darle las fuerzas que necesitaba. Aunque se mostrara más fuerte que yo en el duelo, sabía que él también era vulnerable. Quería a Cody tanto como yo.

Raúl se dio la vuelta y miró al frente, una especie de mirador donde se veía el pequeño pueblo que habitaba entre los árboles. Se quedó en silencio. Miró al cielo, con la urna entre sus manos, y lo escuché sollozar. Me levanté para colocarme a su lado.

—Estamos juntos en esto —susurré mientras apoyaba mi cabeza en su hombro—. Somos un equipo, cariño.

Mis padres, cuando se enteraron que queríamos esparcir las cenizas de Cody, me dijeron que también querían asistir, pero me negué. No quería que se lo tomaran mal, pero, al fin y al cabo, Raúl y yo éramos sus padres. Era la familia más cercana que tenía. Queríamos despedirnos como lo que éramos, una familia de tres.

—Mi niño, no sabes cuánto te echo de menos —empezó—. Todavía se me hace raro entrar en casa y que no estés en la puerta para recibir los mimos de bienvenida. Tu ausencia es dura, pero merece la pena cada segundo de sufrimiento. Si lo estoy pasando mal, si mamá y yo lo estamos pasando mal, es porque te queremos más de lo que imaginas. Pero no lo cambiaría, porque eso significa que estuviste con nosotros. Y eso... —suspiró— es lo mejor que nos has dado. Compartir nuestra vida contigo ha sido un regalo, un recordatorio de que los pequeños momentos son los que importan de verdad. Gracias por elegir a mamá. Gracias por elegirme para ser tu padre. —Abrió la urna—. Gracias por existir, mi niño.

Raúl hizo el indicio de esparcir las cenizas. Cuando vi lo que iba a hacer, coloqué mi mano sobre la abertura. Ninguno de los dos tenía pensado decir unas palabras antes de darle el último adiós, pero escuchar a mi marido fue el incentivo que necesitaba para hacerlo yo también.

—Cuando te conocí, pensé que nunca sería digna de ti —pronuncié, a lo que Raúl volvió a ponerle la tapa a la urna—. Siempre digo que fuiste tú quien me eligió, aunque nunca entendí el motivo. ¿Qué podría darte una niña de dieciocho años que apenas hablaba? Sin embargo, en apenas unas semanas, me enseñaste que estábamos hechos el uno para el otro. Nunca podré agradecerte todo lo que hiciste por mí. Fuiste mi salvavidas en esas rachas tan duras y malas de mi vida. Tú, solo tú. Me salvaste. Me animaste a seguir adelante, a continuar anclada a tu pata. Gracias por enseñarme que el amor no conoce límites. —Coloqué la mano en la tapa de la urna para destaparla junto a Raúl—. Te queremos, pequeño. Siempre te querremos.

Mi marido y yo nos miramos para buscar el consuelo del otro mientras le dábamos la vuelta a la urna. Las cenizas, los últimos restos de Cody, volaron ante nuestros ojos. Y quise pensar que Cody estaba corriendo, que había iniciado un nuevo viaje.

—Cuidaré de mamá mientras estés fuera, mi niño —dijo Raúl—. Nos veremos en el arcoíris.

Nos quedamos anclados en el mismo lugar, observando cómo las cenizas se perdían entre las rocas y los árboles. El viento se las llevaba a su paso a medida que pasaba el tiempo. Y, cuando ya no quedaban ni rastro, abracé a Raúl para llorar en su pecho. Ambos lloramos, aunque, a medida que bajaba cada lágrima, me sentía más en paz conmigo misma. No despedirme de Cody cuando soltó su último aliento era una emoción que siempre estuvo ahí, pero ya no quedaba ni rastro de ella. Me había despedido de Cody. Sin embargo, estaba segura de que nos volveríamos a ver.

—Amor, mira.

Raúl se separó de mí y señaló al cielo. Un precioso arcoíris, parecido al de mi sueño, había aparecido ante nosotros. Una señal palpable de que Cody había escuchado cada una de nuestras palabras.

—Nos veremos en el arcoíris, mi niño —repetí las mismas palabras que mi marido y me llevé las manos al pecho, a la altura del corazón—. Siempre estarás aquí.

Carta para Cody

Mi querido Cody, mi niño, mi pequeño, mi *hombrecito*, mi todo...

Han pasado unos meses desde que te marchaste. Papá y yo aún nos estamos acostumbrando a tu ausencia y, aunque es difícil en algunas ocasiones, seguimos adelante por ti. Jamás nos habrías perdonado que nos rindiéramos. Siempre buscaste lo mejor para nosotros e hiciste que nuestro matrimonio se convirtiera en una familia de tres. Qué honor ha sido compartir contigo los dieciséis años que estuviste con nosotros.

Ojalá todas las personas pudieran descubrir el alma que los animales tenéis. Cómo sois capaces de reconstruiros cuando la situación es insostenible. Cómo disfrutáis hasta del objeto más inútil, como lo sería una piedra o un palo del bosque. ¿Te acuerdas, mi pequeño? Si de ti hubiera dependido, habrías llenado nuestro hogar de esos palos que cogías del bosque y que eran más grandes que tú. Apenas podías con ellos, pero eras tan cabezota que los levantabas y te los llevabas hasta el coche.

Nunca pensé que tener un perro me cambiaría la vida. Ya sabes, hay gente que os ve como animales «de compañía» o «de trabajo» cuando, en realidad, formáis parte de la familia. Eras mi única familia hasta que conocimos a papá. Me enseñaste el amor incondicional, la lealtad, la amistad verdadera. Me enseñaste emociones que jamás conocí hasta que apareciste. Gracias por cada una de las muchas enseñanzas que aportaste a esta chica *rara*.

Dicen que todos tenemos un cometido en este mundo, y yo creo que el tuyo fue enseñar a esta pobre humana a aceptarse con sus virtudes y sus defectos. Cada vez que te miraba a los ojos era como si yo fuera tu mundo, y eso lo cambió todo. Me querías tal y como era.

Mi infancia no fue fácil, era una niña solitaria que no tenía amigos. En la adolescencia, tampoco sabía lo que era un amigo. Pero tú, mi pequeño peludo, llegaste y fuiste mi primer amigo. Mi primer amor. Me diste dieciséis largos años de amor incondicional, apoyo y mucha (muchísima) felicidad. Son incontables las veces que me hiciste reír a carcajadas cuando ni siquiera quería salir de la cama, las veces que me quitaste las lágrimas a base de lametones, las veces que apoyabas tu pata sobre mi pierna cuando sentía que yo estaba rota por dentro. Pero te encargaste de lamer todas esas heridas y de enseñarme, una vez más, que todo estaba bien en mí.

Tu mirada de agradecimiento en cada uno de nuestros largos paseos por la montaña, donde nos perdíamos durante horas y nos olvidábamos del mundo para estar solos tú y yo. Tus ganas de llamar mi atención, ya fuera a ladridos o rompiendo cualquier rollo de papel que hubiera por mi habitación. Tu tranquilidad a la hora de dormir, mientras yo estudiaba justo a tu lado. Tú y yo sabíamos lo que éramos el uno para el otro. Cody, tú no solo eras mi perro. También eras mi hijo, mi confidente... y mi otra mitad.

Quiero que estés tranquilo allá donde estés, tu tiempo en este mundo ha terminado. Ahora es tu momento de disfrutar en el arcoíris. Aunque a veces me veas llorar, no quiero que te sientas mal. El proceso del duelo es un camino de muchos baches y obstáculos. Tengo altibajos, no te voy a engañar. Pero cada lágrima derramada por tu ausencia significa que mi amor por ti es real, que todo lo que vivimos es un recuerdo tan bonito que me obliga a derramar lágrimas por todo lo que te echo de menos. Pero no te preocupes por mí, estaré bien. Siempre que tu recuerdo permanezca en mi corazón, todo estará bien. Sé feliz, mi vida.

Mi corazón está contigo, amor mío. Hoy, mañana y siempre.

Te quiere,
Mamá.

P.D.: Papá me ha pedido que te diga de su parte que, por favor, no seas pesado con las perritas. Y que te quiere muchísimo. Y que cuidará de mí hasta que volvamos a ser la misma familia de tres.

P.D. 2: Come bien, Cody. Sé que tienes debilidad por las golosinas de pato, pero debes mantener una dieta equilibrada. Esto lo digo yo, mamá. Hazme caso, me lo agradecerás cuando nos veamos.

Epílogo

UN AÑO DESPUÉS

«Un día recordarás a tu amigo, no con lágrimas
en los ojos, sino con una sonrisa en el corazón»
Laura Vidal

Catalina me dio el alta cuando pasó un mes desde que Cody falleció. No tuve más remedio que volver al trabajo. Al principio fue un poco cuesta arriba, ya que algunos compañeros no entendían por qué me había ausentado por la muerte de un perro. Decidí ignorarlos y hacer oídos sordos, pues sabía que siempre me encontraría con ese tipo de personas que no los veían como uno más en la familia. Sin embargo, y para mi sorpresa, me encontré con otros compañeros que me entendían y en los que me apoyé cuando notaba que no aguantaría más durante la jornada laboral.

A medida que pasaban las semanas, sentía que mi trabajo no me llenaba. Me gustaba, pero algo en mí había cambiado. Ya no me apasionaba tanto como antes. Pensé que se trataba del vacío que Cody dejó tras su marcha, así que sería cuestión de tiempo hasta que me acostumbrara a esa nueva realidad.

Un día, de la noche a la mañana, mi móvil se llenó de notificaciones. Poco tiempo después de donar las pertenencias de Cody, subí un vídeo corto del proceso de costura que llevé a cabo con el dragón de peluche. El antes y el después. La protectora me pidió permiso para subirlo a su Instagram, pero con un pequeño añadido: una imagen de Pinche jugando, durmiendo y descansando al sol con el dragón. El vídeo se volvió viral, igual que la iniciativa *#AmaDonaRecicla*. Y, de esa forma, personas de todo el mundo se pusieron en contacto con la protectora para saber más sobre la iniciativa.

Toñi me animó a que hablara sobre mi historia con Cody, de cómo el duelo por mi pequeño me había afectado y, sobre todo, cómo se me ocurrió la idea de arreglar todos esos peluches que habrían terminado en la basura de no haberme animado a darles una segunda vida.

Todo empezó como una pequeña distracción. Algunas personas me enviaban peluches para que los arreglara y los donara a la protectora que yo quisiera. Aunque mi corazón se decantaba por *Dogs and Friends*, les daba a elegir la protectora que ellos quisieran. Al fin y al cabo, ese peluche pertenecía a la persona que lo había comprado. No obstante, llegó un punto en que los paquetes eran tantos que me faltaban horas en el día para arreglarlos.

Solicité una reducción de jornada en mi trabajo como contable. Ya que no existía un motivo realmente justificable para solicitarla, tuve que hacer mucho papeleo, hablar con Recursos Humanos y pedirle ayuda a Catalina. Sin embargo, no habría seguido adelante de no ser porque Raúl estaba de acuerdo con la decisión. Una reducción de jornada significaba una reducción de sueldo, pero poco nos importaba si con ello ayudábamos a que las protectoras tuvieran más recursos.

Y así fue cómo nuestro despacho se llenó de cajas con peluches, mantas y ropa —de humano y de animal— que serían donadas después de que yo las arreglara. Me parecía increíble cómo el movimiento *#AmaDonaRecicla* se volvió tan viral hasta el hecho de que la gente solicitara mi ayuda. Yo no recibía ninguna compensación económica por ello —aparte de pequeñas donaciones para la compra de material—, pero aquello hacía que me sintiera mejor conmigo misma. El recuerdo de Cody sería eterno, no solo por Raúl y por mí, sino por toda esa gente que conocía la iniciativa.

⎍⎍⎍

Raúl y yo fuimos a la protectora *Dogs and Friends* para darles una sorpresa a Toñi y a Bárbara con todo el material donado. No habíamos vuelto desde que llevamos las pertenencias de Cody. No habíamos perdido el contacto desde entonces, ya que estábamos en constante intercambio de mensajes.

Ese día se cumplía un año desde la muerte de Cody. Mi cabeza me decía que era el día perfecto para quedarme en la cama, llorando y echando de menos a mi pequeño; pero mi corazón me pedía que hiciera el esfuerzo por él y que siguiera adelante, aunque el dolor todavía fuera palpable.

—Chicos, ¡qué sorpresa! —dijo Toñi en cuanto nos vio en la puerta de la protectora—. Ya veo que no venís con las manos vacías.

—Ya era hora de una visita —dije con una sonrisa—. ¿Pinche todavía no ha destrozado al dragón?

—Lo cuida como si fuera su bebé —contestó mientras abría la puerta—. No se marcha de aquí a menos que sea con él.

—¿Cómo? —preguntó Raúl—. ¿Lo han adoptado?

—Sí, pero nosotras —contestó—. Ahora forma parte del *staff* de la protectora.

Cuando entramos en la pequeña caseta que hacía de recepción, Pinche estaba durmiendo en su cama. Seguía siendo igual de pequeño que cuando lo vimos por primera vez. Y, como dijo Toñi, dormía con su inseparable peluche de dragón.

—¿Por qué no os sentáis mientras aviso a Bárbara? Creo que no ha escuchado que tenemos visita —nos pidió.

Raúl y yo nos quedamos en la caseta. Todo había cambiado desde la primera y única vez que estuvimos ahí. Al parecer, con el movimiento *#AmaDonaRecicla*, muchas personas se pusieron en contacto con ellas para donar material de oficina que no necesitaban. De esa forma, le dieron un buen lavado de cara a la caseta. De hecho, nosotros también tuvimos que ver, ya que enviamos varios botes de pintura para que las goteras y las humedades desaparecieran.

—¿Te das cuenta de que, gracias a ti, has cambiado la vida a los animales de esta protectora y de otras muchas? —preguntó mi marido mientras se acercaba a darme un beso en los labios—. Eres la mejor, amor.

—Gracias a mí no —saqué el collar con los pelitos de Cody, el cual descansaba en mi cuello—, todo es gracias a Cody. Quiero pensar que fue él quien me dio la fuerza y el ánimo para seguir adelante.

Tuve que trabajar mucho para recomponer esas partes que creía perdidas tras la muerte de Cody. Continué una temporada con las sesiones de Laura, ya que me ayudaba a encontrar las respuestas a esas preguntas que yo misma me hacía sobre mí. Era consciente de que nunca volvería a ser la misma persona que cuando Cody vivía, pero me quedaría con todo lo bueno que mi hijo me había aportado durante los dieciséis años que estuvo conmigo.

Todavía sentía su presencia; en mi día a día, en mi corazón y en mis pensamientos. No lo veía, pero sí podía sentirlo. Vivía dentro de mí, y eso era lo que me reconfortaba en esas mañanas en las que quería tirarlo todo a la basura.

—Mira, amor —dijo Raúl, quien me sacó de mis pensamientos.

Una perra pequeña, diría que una mezcla entre bichón maltés y chihuahua, entró en la caseta. Tenía el pelaje blanco y muy brillante, como si acabara de salir de la peluquería. Quería subir a mi regazo, pero sus patitas eran tan cortas que apenas llegaba a la silla.

Nada más cogerla, se dedicó a darme lametones por toda la cara. Como si ya me conociera y tuviera la suficiente confianza para hacerlo. Me eché a reír.

—Parece que se ha enamorado de ti —añadió Raúl, mientras este acariciaba a la perra.

En cuanto se dio cuenta de que mi marido la estaba acariciando, saltó de mi regazo al suyo. Le dedicó los mismos lametones. La observé hasta que vi su collar y todo mi cuerpo se puso en tensión. Mi marido se percató de mi estado.

—Amor, ¿te encuentras bien? —preguntó.

No contesté, pero llevé mi mano hasta el collar de la perra. Raúl lo miró y sus ojos se volvieron cristalinos al momento. Se trataba del mismo collar negro con figuras de perros en plata. Y, por si no fuera suficiente coincidencia, el colgante era un corazón de color turquesa. El mismo que el de Cody, el que todavía continuaba en el salón de casa.

—¿Dama? —dije en voz alta tras leer el nombre que había grabado por la parte de atrás del colgante—. ¿Te llamas Dama?

La perrita ladró y ladró mientras intercambiaba nuestros regazos con pequeños saltos. Era pequeña, pero tenía muchísima energía.

—Amor —mi marido me llamó con la voz temblorosa—

, ¿crees que es una especie de señal?

—No... no lo sé —contesté.

—¡Chicos!, perdonad la tardanza —exclamó Toñi—. Bárbara estaba lavando a los perros y la he ayudado a terminar.

Toñi y Bárbara se sentaron en las sillas que había delante de nosotros, con el escritorio entre medias. Bárbara miró en dirección a la perrita que descansaba en mi regazo, quien se había cansado de dar saltos y se había acomodado en mis piernas para echar una siesta.

—¿Esa es Dama? —preguntó Bárbara con sorpresa.

—Vaya, es verdad —respondió Toñi—. Qué extraño.

—Extraño, ¿por qué? —dijo mi marido con curiosidad.

—Dama les tiene miedo a los humanos —contestó Toñi—. O eso creíamos.

—Mucha gente adoptante se ha interesado por ella —continuó Bárbara—, pero Dama no parecía muy receptiva. Así que, a pesar de que cumplían con todos los requisitos, negábamos su adopción.

—Como protectora, lo más importante para nosotras es que el perro adoptado esté en perfecta sintonía con su nueva familia.

—No parece muy asustada con nosotros —añadió Raúl—, se ha tirado a nuestros brazos en cuanto ha entrado en la caseta.

Los cuatro miramos a la perrita, quien ahora estaba plácidamente dormida sobre mi regazo. Parecía tranquila, como si supiera que conmigo estaba a salvo. Y esa sensación... esa sensación la conocía, pues Cody siempre se mostraba tranquilo y seguro cuando estaba con nosotros.

—¿Cuánto tiempo hace que está aquí? —pregunté—. No recuerdo haberla visto cuando vinimos la primera vez.

—Pues... diría que menos de un año —contestó Toñi dubitativa—. Llegó poco después de vuestra visita. El veterinario dijo que apenas tendría unas semanas de vida cuando la encontramos, así que ahora estará cerca del año.

—¿Y el collar que lleva? —preguntó mi marido—. ¿Se lo habéis puesto vosotras?

—No —negó Bárbara—, ya lo llevaba puesto. Por alguna razón que desconocemos, no nos deja quitárselo. Ni siquiera para bañarla.

Miré a mi marido, quien me miró al mismo tiempo. No supe qué pasaba por su cabeza, pero la mía estaba llena de preguntas. Eran demasiadas coincidencias.

Dama levantó la cabeza y me miró a los ojos. Vi demasiada ternura en su mirada, como si me pidiera que la llevara conmigo. Como si *yo* fuera su salvavidas. Sentí una extraña conexión que creía que jamás volvería a experimentar. Mi corazón se aceleró ante la posibilidad de adoptar a Dama.

—¿Te gustaría venir con nosotros? —le pregunté a la perrita.

Dama, como si hubiera entendido mis palabras, se levantó y me lamió la cara. Volvió a intercambiar mi regazo con el de mi marido, llena de alegría. Saltaba, ladraba, lloriqueaba. Lo tomé como un «sí».

—Bienvenida a la familia, Dama —dijo mi marido mientras buscaba mi mano para entrelazarla con la suya.

Nunca pensé en la posibilidad de tener otro perro. Era algo que no entraba en mi cabeza. La ausencia de Cody todavía seguía en mi corazón, y me decía que un nuevo integrante sería un sustituto para tapar la herida. Sin embargo, mientras observaba a Dama con mi marido, supe que no sería la sustituta de Cody. Nunca lo sería, pues la conexión que teníamos era distinta. Cody y yo fuimos dos almas separadas que buscaban a su otra mitad y, por esa razón, conectamos con la magnitud en que lo hicimos durante dieciséis años. Juntos formábamos una sola alma. Y eso no cambiaría nunca.

Nota de autora

Escribir esta novela no ha sido fácil, pero me gustaría pensar que Cody ha sido quien me ha incentivado a hacerlo. Llevo sin escribir una sola palabra desde que puse el punto final a «Pedro», la segunda parte de una bilogía. Esa bilogía, al igual que otras novelas, la escribí con Cody a mi lado.

Llegó la pandemia por COVID-19 y tuve que separarme de Cody. Apenas nos permitían salir a la calle. Cody necesitaba sus largos paseos en la naturaleza, y yo no podía dárselos en un piso. Por lo tanto, mis padres y yo decidimos que lo mejor sería que Cody se fuera con ellos a su casa, donde tendría un jardín y un patio donde pasar el día. Pensé que aquello sería momentáneo, pero no ocurrió así.

Cuando la pandemia llegó a su fin, Cody se había acostumbrado a estar allí. Había perdido la vista (tenía quince años) y, cuando venía de visita a mi piso, se encontraba desubicado y solo pedía salir de aquí. Separarme de Cody ha sido lo más difícil que he hecho en mi vida, pero sabía que era lo mejor para él. Mis padres cuidarían de Cody con el mismo amor que yo.

Cody seguía presente en mi vida, pues mi madre me pasaba cientos de fotos al día para que lo sintiera conmigo. También lo visitaba siempre que podía. Y, aunque me negaba a creerlo, la vejez le estaba pasando factura. Me di cuenta demasiado tarde: solo unos días antes de que se durmiera para siempre.

Tengo ese día grabado en mi cabeza. Fui a casa de mis padres para celebrar el cumpleaños de mi madre. Y, nada más llegar, fue como si Cody se hubiera dado cuenta de que estaba ahí. Se levantó de su cama con mucho esfuerzo y se acercó a mí. Lo cogí entre mis brazos y le di besitos en la cabeza hasta que él me abrazó. Sí, Cody me abrazó. Apoyó su cabecita en mi hombro y se quedó quieto. Y, entonces, lo escuché. Fue como si me hablara, como si se estuviera despidiendo de mí.

Dos días después, mi madre se puso en contacto con mi pareja para que hablara conmigo. Ella no quería decírmelo por mensaje, así que lo llamó a él. Y de eso también me acordaré para siempre. «Tenemos que hablar», dijo, «es sobre Cody». Y lo supe. Al día siguiente, Cody nos dijo adiós.

Mi vida no ha sido fácil. Sufro depresión y ansiedad desde que era una niña. Creía que mi vida no tenía sentido hasta que Cody apareció en ella. Cody se convirtió en todo lo bueno que nunca tuve. Y volví a sonreír, y volví a ilusionarme, y volví a nacer.

Mis problemas mentales derivaron a agorafobia, un trastorno mental que me impedía salir de casa. Apenas era capaz de dar una vuelta a la manzana de mi piso sin que la ansiedad apareciera. Y Cody fue paciente conmigo, lo entendía. Me miraba y no necesitaba más explicación. Y esos cortos paseos se convirtieron en paseos más largos, a tal punto de que nos pasábamos más de una hora fuera de casa sin que la ansiedad hiciera acto de presencia.

Cody me ayudó en muchos aspectos de mi vida. Y doy las gracias a quien sea de que lo pusiera en mi camino, pues todo lo que tengo ahora es gracias a él. No sabía lo que era el amor, la amistad, la fidelidad y todo lo positivo que habita en este mundo de no ser por él. Cody fue un maestro de cuatro patas.

Quiero pensar que Cody se marchó cuando era el momento indicado. Ni antes, ni después. Quiero pensar que Cody se marchó feliz tras ver que yo también lo era.

Mi peludo dejó un gran vacío en mi corazón. No sabía

qué sería de mí ahora que él no estaba, pero quiero quedarme con sus enseñanzas. Quiero pensar que él está orgulloso de mí, que está en el arcoíris a la espera del día en que a mí me llegue la hora. Y no necesitaré explicarle nada, pues él habrá estado atento a cada uno de mis pasos.

Mi psicólogo siempre menciona que vinculo la escritura con Cody y que por eso no soy capaz de escribir si él no está a mi lado. Cody ha estado presente en cada uno de mis tecleos en el ordenador mientras escribía novelas. Sin él, sentía que no era capaz. Por eso quiero pensar que Cody, allá donde esté, ha estado a mi lado para impulsarme a escribir parte de nuestra historia.

Cody, esto va por ti.

Siempre va por ti.

Te echo de menos, pequeño cabroncete.

Agradecimientos

Antes de agradecer a las personas que me han ayudado durante el proceso de la novela, quiero darte las gracias a ti. Sí, tú, la persona que está leyendo estas líneas. Si has decidido adentrarte en esta historia es posible que sea porque alguna vez has sufrido un duelo, así que te mando todo mi ánimo. Sé que no es fácil, sé que hay días en los que preferirías dejarlo todo. Esa sensación la conozco muy bien, y a día de hoy la sufro en ocasiones. Sin embargo, pienso: «¿Esto es lo que quiere Cody para mí?», aunque ni siquiera necesito pensar en la respuesta. Nuestros peludos han llegado a este mundo para mejorar nuestras vidas. Por desgracia, su tiempo aquí es más reducido que el nuestro, pero quiero que recuerdes esto: «El amor no conoce límites». Que tu peludo se haya ido al arcoíris no significa que sea el final, sino una continuación. No está físicamente, pero sí lo está en tu corazón. Jamás os separaréis mientras su recuerdo esté todavía contigo.

Quiero aclarar que cada duelo es diferente, es un punto importante que me gustaría zanjar. Andrea, por ejemplo, lo vivió con mucha rabia; igual que yo. Odiaba al mundo y a todo lo que me rodeaba. Y, como diría Laura, «es normal». Mi pareja, por otro lado, lo vivió de una manera diferente. Lo pasó mal, también lloró, pero nada en comparación conmigo. Y yo lo culpaba, le decía que él no quería a nuestro hijo. Qué equivocada estaba, pues su duelo también es normal. Cada persona reacciona diferente, y no por ello significa que esté bien o que esté mal. Lo vivimos como *necesitamos* vivirlo.

Para escribir esta novela, me he rodeado de esas personas que entendieron el duelo que estaba sufriendo. Todavía hay gente que no entiende el dolor que la pérdida de nuestros peludos nos afecta en el día a día. Soy alguien muy selectiva a la hora de elegir mis amistades, por lo que soy muy afortunada de contar con personas que no me han juzgado ni me han señalado cuando he mencionado que estaba escribiendo una novela sobre el duelo animal.

Gracias a mis lectoras cero: La yayi Pilar, amiga y

escritora, quien lleva conmigo desde hace años. Quién nos iba a decir que nuestra amistad traspasaría el ámbito laboral, pero aquí estamos. Gracias por escuchar mis audios interminables, por leer mis mensajes a altas horas de la madrugada y por ser la voz de la razón; Cristina, amiga de la infancia e ilustradora, con quien tuve el placer de reencontrarme después de tantos años tras terminar el instituto. Espero que este libro te haya hecho sudar los ojos, de lo contrario, me veré en la obligación de dimitir como escritora; Clara Álbori, escritora, que llegó a mi vida por el amor a la palabra escrita. Como buena fanática del drama, no podía faltar en esta lista.

Gracias a Laura Vidal, escritora y acompañante del duelo animal. Laura y yo nos conocimos hace unos años, justamente cuando Cody se mudó a casa de mis padres. Ha sido de gran ayuda para mí en momentos muy difíciles, pues también sufrí la pérdida de mis dos preciosas canarias. Ella me brindó su ayuda de manera desinteresada y siempre le estaré agradecida por ello.

Gracias a Sebastià, mi psicólogo. En una de nuestras sesiones, le comenté que estaba escribiendo una novela sobre Cody. Él quería leerla, así que se la envié cuando apenas era un borrador sin corregir. La devoró en un día y me sorprendió que me felicitara tras terminarla, ya que no tuvimos que modificar ninguna parte de las sesiones de Laura.

Mención especial a mis dos chicas: Carolina de «La mirada ilustrada» por esa maravillosa portada. No tuve ninguna duda de que eras la persona indicada para llevarla a cabo; Raquel de «Moneta» por esas joyas con los pelitos de Cody para que siempre esté con nosotros. Chicas, ambas hacéis magia. ¡Sois increíbles!

Gracias a mi novio, Jonathan, por todo el apoyo desde el minuto cero. Por leer los capítulos que escribía durante el día, a pesar de estar harto de pantallas después de un largo y duro día de trabajo. Por ayudarme a entender el duelo de Raúl y perfilar su personaje. Por tu opinión sincera, aunque fuera negativa. Por los ánimos. Por todo. Pero, sobre todo, gracias por ser el mejor padre para Cody... aunque siempre serás el «chico nuevo», no lo olvides.

Gracias a los integrantes de la familia Pollito: Toshi, Winter y Romeo. Y también gracias a los que ya no estáis, pues siempre formaréis parte de ella: Cody, Naranjita, Punky y Julieta.

Y, por último, gracias a ti, lector. Me gustaría pensar que esta lectura te ha servido para conocer con más claridad qué es el duelo animal. Espero que la hayas disfrutado.

Biografía

Mi nombre es Sandra Moya y nací un caluroso día de verano en agosto de 1991. Resido en Viladecans (Barcelona) con mi pareja y nuestros animales, quienes formamos la familia Pollito.

Estudié Administración y Dirección de Empresas hasta que, a los 27 años, cambié el rumbo de mi vida. Me formé en la academia Cálamo&Cran para ser correctora y, a pesar de recibir el diploma por la Universidad Europea de Madrid, no he parado de aprender sobre este oficio. Aunque, más que un trabajo, es una pasión.

Mis padres dicen que nací con un libro bajo el brazo. Quizá fuera así, pues quería que mi futuro estuviera rodeado de libros, palabras y páginas. Sin embargo, también disfruto —en mi tiempo libre— de los videojuegos, de paseos por la playa o viendo cualquier película de Disney.

En el año 2022, publiqué mi primera bilogía sobre salud mental. En las novelas *Aurora* y *Pedro* trato de darles voz y visibilidad a las enfermedades mentales, ya que la protagonista y yo sufrimos agorafobia. *El último paseo* (2024) es mi última obra publicada, una novela sobre el duelo animal, donde rindo homenaje a mi compañero de vida —Cody—, quien estuvo a mi lado durante dieciséis años y medio.

Web: sandramoya.es
Instagram: @libertyeagle20